不娇不宠，培养独立、内心强大的优秀女孩

全面解答教育女孩的困惑

正面管教女孩100招

王荣华 著

民主与建设出版社

·北京·

© 民主与建设出版社，2018

图书在版编目（CIP）数据

正面管教女孩 100 招 / 王荣华著 . — 北京：民主与
建设出版社，2018.3
ISBN 978-7-5139-1971-5

Ⅰ . ①正… Ⅱ . ①王… Ⅲ . ①女性－家庭教育 Ⅳ .
① G78

中国版本图书馆 CIP 数据核字 (2018) 第 037238 号

正面管教女孩 100 招
ZHENGMIAN GUANJIAO NUHAI 100ZHAO

出 版 人	李声笑
著　　者	王荣华
责任编辑	韩增标
装帧设计	润和佳艺
出版发行	民主与建设出版社有限责任公司
电　　话	（010）59417747　59419778
社　　址	北京市海淀区西三环中路 10 号望海楼 E 座 7 层
邮　　编	100142
印　　刷	大厂回族自治县彩虹印刷有限公司
版　　次	2018 年 5 月第 1 版
印　　次	2020 年 3 月第 3 次印刷
开　　本	710mm×1000mm　1/16
印　　张	15
字　　数	220 千字
书　　号	ISBN 978-7-5139-1971-5
定　　价	39.80 元

注：如有印、装质量问题，请与出版社联系。

序

每个孩子都是父母的心头肉，也是全家的希望所在，集家庭所有成员的宠爱于一身，真的是含在嘴里怕化了，捧在手里怕摔了。

父母对于孩子，尤其是乖巧可爱的女孩，总是尽心竭力地把自己最好的东西都给他们。他们恨不得给孩子铸就一座坚实的城堡，全方位无死角地保护着孩子。天生柔弱的女孩，更是容易博得父母所有的爱。父母对女儿无比紧张，不管她们走到哪里，哪怕只是离开视线一小会儿，也会忧心忡忡。记得在电视剧《小离别》中，海清饰演的妈妈在独生女儿离开身边去国外之后，因为无法忍受暂时分离的痛苦，终日以泪洗面，甚至还想再生一个孩子来填补自己内心的空虚。海清的演绎入木三分，相信每个父母对孩子都有着这样深厚的感情和割舍不断的牵挂，因而作为家长的我，完全能够理解这种心仿佛被掏空了一般的感觉。

所以，很多时候不是孩子离不开父母，而是父母离不开孩子。每个父母都会有想要一辈子和自己的女儿守在一起的想法。但是，无论父母多么不舍，女儿终有一天会长大。当女儿羽翼丰满离开家的那一刻，如果父母已经赋予了她们照顾自己、与人相处的能力，那么虽然牵挂还在，但是多少能够放心一些。现代社会人事纷杂，父母更应该用正确的方式管教女孩，从而让女孩更好、更健康地成长，逐步走向成熟、独立。而教养的前提是父母要调整好心态，不要过分宠溺和骄纵女孩，要采取正面管教的方式，从点滴做起，帮助女孩进步。

　　女孩的成长是一个漫长的过程，父母要有足够的耐心，付出足够的爱，才能养育出一个健康自信、聪明独立的女孩。当女孩犯了错误，给自己和父母惹来很大的麻烦时，父母要想成为她的后盾，得到她的信任，首先应该用理智战胜冲动，然后安抚她，接着和她一起积极寻找解决问题的办法，让她知道不管发生什么情况，父母会永远站在她的身后支持她。

　　和打骂孩子的教育方式相比，正面管教的方式能够带给孩子积极向上的力量。尤其是对于女孩而言，正面教育更能够保护女孩稚嫩的心灵。从现在开始，明智的家长们，用正面管教给予女孩力量吧！

目录

第二章 用心关爱，细心呵护女孩成长

第三章 实施鼓励教育，让女孩充满自信

第四章 引导女孩主动学习，培养学习热情

第五章 帮助女孩融入群体，提高社交能力

第六章 性格决定命运，好性格让女孩幸福一生

第七章 培养自我管理能力，让女孩学会独立

第八章 改掉坏习惯，让女孩成为人见人爱的小天使

第九章 不急不慌，帮女孩顺利度过叛逆期

第十章 培养界限感，引导女孩学会自爱和自我保护

第一章

平等尊重，是一切教养的开始

很多父母虽然爱孩子，却把孩子当成是自己的私有财产，对孩子没有丝毫尊重，所以不曾做到正确的教养。殊不知，孩子虽小，也是这个世界上独一无二的存在。父母带孩子来到这个世界上，除了提供物质条件，照顾孩子的衣食住行之外，更重要的是以尊重为前提引领孩子健康成长，为孩子打开通往美好世界的大门。

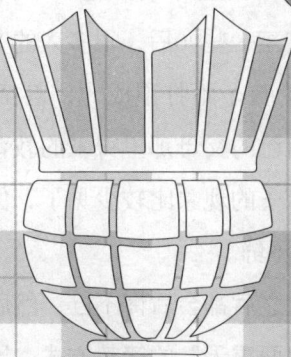

第1招

不宠不骂的正面管教方法

1981年，美国的心理学博士、教育学家、心理专家简·尼尔森（Jane Nelsen）提出了正面管教的理论。后来，随着正面管教理念的推行，越来越多的父母把正面管教作为教育孩子的"黄金准则"。当然，正面管教的教育理念之所以越来越受到父母们的青睐，并非仅仅因为尼尔森的理论取得了成功，而是因为父母们的确需要正确理论的指导，确定一种更为有效的教养模式。

父母们也曾经有过童年，现在不妨回忆一下自己的童年是如何度过的。其实，作为70后、80后，甚至一些90后，很多人的童年都是在父母的打骂中度过的。错误的教育观点认为孩子不打不成才，甚至觉得"三天不打，上房揭瓦"。为此，很多父母从自己的父母那里得来的教育经验就是孩子"不打不成器"。当然，现代社会打孩子的现象比较少见了，但是骂孩子、对孩子歇斯底里地发脾气的现象依然屡见不鲜。

很多家长在对孩子嘶吼之后都会后悔不已，然后出于补偿心理对孩子加倍溺爱。殊不知，这样"冰火两重天"的管教方式，恰恰使孩子对于父母的爱产生了质疑，也导致很多孩子在长大成人之后非但不感激父母的养育之恩，反而还会想要逃离父母。

到底是哪里出了问题，使得原本应该亲密无间的亲子关系变得剑拔弩张，两代人恨不得远离彼此呢？究其原因，无非就是父母在孩子的成长过程中无端的干预过多，令孩子对父母的管教心生抗拒。

　　最近，豆豆越来越有主见了。她每天早晨穿什么衣服都想自己决定。每次妈妈提前帮她拿好衣服，她都不愿意听从妈妈的安排。

　　前段时间，豆豆忽然对妈妈说自己不想再学跳舞了，妈妈惊讶之余赶紧询问原因。原来豆豆觉得学舞蹈太累了，还要占据周末半天时间，她想把学习舞蹈的时间用来玩。

　　妈妈一听立刻火冒三丈，正要发脾气时，又在转念之间及时制止了自己。妈妈冷静了一会儿，等到情绪完全稳定下来，才把豆豆叫到身边。

　　妈妈蹲了下来，和豆豆平视，心平气和地对她说："豆豆，你怕累，不想学舞蹈，我可以理解，我也尊重你的选择。但是当时学舞蹈，是你自己的决定，如果因为怕苦怕累就放弃自己的爱好，是不是太可惜了呢？学习舞蹈不但可以变成舞动着的小精灵，到了六一儿童节的时候，还有机会登台表演呢！你觉得呢？"

　　最后，在妈妈耐心的引导下，豆豆终于改变想法，决定继续学习舞蹈了。

　　案例中，妈妈之所以没有立刻向豆豆发脾气，是因为豆豆正处于成长叛逆期，一味地强迫只会使她更加固执。为此，妈妈把豆豆当成朋友，对豆豆循循善诱，从而使豆豆主动做出选择。这样一来，豆豆不但不再抗拒学习舞蹈，而且对于妈妈的建议也没有那么反感了。虽然正面管教比强迫孩子需要付出更多的时间和耐心，但是解决问题的效果却好很多，而且能够帮助孩子形成独立自主的意识，可谓一举多得。

　　所谓正面管教，就是让父母不宠不骂地教养孩子。尤其是对于心理脆弱的女孩而言，正面管教更加重要。因为大多数女孩都是心思细腻的，而且感情上也更脆弱。和管教男孩相比，父母管教女孩更要讲究方式、方法，避免伤害女孩更敏感的心灵。正是基于此，很多人都觉得当父母是这个世界上最伟大又最艰难的事业。的确，为人父母就是一场修行，哪怕被孩子故意惹恼也要以身作则，在孩子面前更要学会控制自己的情绪。

正面管教不但要求父母不要惩罚和打骂孩子，也要求父母不要骄纵和宠溺孩子。正面管教理论告诉我们，孩子的成长需要坚定而又平和友善的氛围，这样孩子才能形成自律意识，具有责任感和合作意识，才能学会依靠自己的力量解决问题。在正面管教中长大的孩子未来必然能够具备基本的生存技能，也能够独当一面，为自己争取更好的发展。可以说，正面管教对孩子一生的发展都是有益的。

第2招

女孩和男孩的生理与心理差异

当二胎政策全面放开时，很多家长在有了一个女儿或者儿子之后，希望能够再生一个孩子，凑成"好"字。不得不说，造物主真的很神奇，男孩与女孩本身有着很大的生理与心理差异。对父母来说，相比于养育男孩，养育女孩需要家长付出更多细微的关爱和陪伴，才能将她培养成优雅、自信、内心强大的人。

与男孩相比，女孩的确显得娇滴滴的，她们不但在体力上和男孩存在差距，在生理和心理方面也与男孩迥然不同。所以"女孩要富养"这句话也是有一定道理的。

从生理上而言，男孩和女孩体内激素水平的不同导致他们在很多方面的表现截然不同。比如，和男孩相比，女孩虽然在动手方面的能力没有男孩那么强，逻辑思维能力也没有男孩那么好，但是，女孩在语言表达和感知能力方面表现出极大的优越性。而且，很多女孩都喜欢安静，她们不愿意蹦蹦跳跳，也不愿意过量地运动。有很多女孩不管是在生活中还是在学习上，都表现出乖巧懂事的特质。在这种情况下，父母在享受女孩乖巧懂事的同时，也不要过于苛责女孩在体育运动、动手能力以及数学等学科方面表现得不够突出，更不要拿女孩与男孩进行比较，因此伤害到女孩的心。

当然，随着年龄增长，男孩虽然有时不够细心，但在某些方面却表现得勇气十足；而女孩在困难前，则表现得更加谨慎一些。不过，哪怕是望女成凤的父母，也要意识到女孩的表现是由生理特征造成的，不要过于责备女孩。唯有更加深入了解女孩和男孩的生理差异，才能做到有的放矢，更好地帮助女孩成长。

近来，正在读幼儿园大班的柔柔变得很怕黑。每天晚上睡觉时，她都会希望爸爸妈妈之中的一个人去陪她，如果遭到他们的拒绝，她就会马上伤心地哭泣，根本不愿意去睡觉。有时父母因为工作劳累，没有时间和精力陪她，甚至觉得她太娇气。

有一次，柔柔哭着纠缠爸爸去陪她，爸爸不耐烦地说："哎，你要是个男孩，就不会这么胆小了。你怎么这么胆小呢？真是个胆小鬼！"爸爸的话让柔柔很伤心，她独自钻进被窝里，还用被子蒙着头，就这么提心吊胆地睡着了。

上夜班的妈妈回家之后看着柔柔蜷缩在被窝里的小小身体，知道爸爸一定偷懒没有陪柔柔睡。为此，妈妈郑重其事地和爸爸进行了严肃的交谈。妈妈告诉爸爸："对女孩和男孩的教育是不一样的。不要觉得你小时候什么都不怕，孩子就该什么都不害怕。你要学会正确养育女儿，不要把你的成长经历套用在孩子身上。否则，如果孩子小时候在心理上受到伤害，长大以后的生活也会受到影响。你必须慎重地对待柔柔的需求，对女儿要多一点耐心。"

后来，妈妈还把女孩与男孩性格、心理上的诸多差异详细地告诉爸爸，爸爸这才恍然大悟。从此以后，爸爸更加疼爱和细心呵护柔柔，渐渐地，柔柔也不再怕黑了。

女孩和男孩不但生理构造不同，而且在心理上也存在很大的差异。那些家有女儿的父母，尤其是父亲，因为原本不太了解女儿的心思，也没有现成的经验可以套用，所以一定要更深入地了解男孩与女孩的各种差异，才有可能真正成为一名合格的家长。

当然，女儿在成长过程中会遇到各种各样的困惑，会遇到很多生理和心理方面的难题，有的时候并不好意思和爸爸说。实际上，还是因为爸爸不理解女儿导致的。倘若爸爸能够真正了解女儿，对女儿的各种需求和苦衷都能理解，那么女儿向爸爸倾诉时也就不会再觉得不好意思了。

　　总而言之，女孩与男孩在生理和心理上的差异是客观存在的，父母必须充分重视这一点，才能找到令女孩最舒服的相处模式来教育她。

第3招

女孩与男孩的性格差异

女孩与男孩不仅在生理和心理上存在差异，而且在性格方面也表现出巨大反差。和男孩的活泼好动相比，女孩大多文静内敛，很多时候都是安安静静的。同时，在抗压方面，女孩虽然短期内抗压能力不如男孩强，但是更有韧性，因而在困难面前表现出的抗挫折能力更为持久。

男孩与女孩的性格差异还表现在很多方面，诸如男孩粗枝大叶，思考问题的时候不够全面，女孩却心思细腻，往往能够关注到细节问题，这种性格差异会一直伴随着他们长大。所以父母在养育女孩的过程中，一定要留心女孩与男孩的不同，面对女孩的胆小，不要一味地鼓励女孩像男孩一样勇往直前，或者要求女孩像男孩一样坚强。而是让家长朋友在教育女孩的过程中，要做到教养的区别化和差异化。

某个周末，爸爸带着乐乐和甜甜一起去爬山。在爬山的过程中，乐乐一马当先，勇往直前，不管山势多么陡峭，他都毫不畏缩。和乐乐相比，甜甜虽然平日里也很勇敢，但是和哥哥乐乐比还是差了一大截。遇到坡度稍微陡峭的地方，她就感到很害怕，非要拉着爸爸的手才敢继续往上爬。

爸爸见甜甜如此胆小，对甜甜说："甜甜，你要向哥哥学习哦。平时看你也挺大胆的啊，怎么到了关键时刻就掉链子呢！"甜甜有些委屈地看着爸爸，眼泪簌簌地往下掉。

妈妈在后面赶了上来，看到甜甜哭了，便问怎么回事。爸爸把事情的原委说了一遍，甜甜委屈地对妈妈说："爸爸非让我跟哥哥一样，哥哥还比我大呢！"

妈妈嗔怪地对爸爸说："你呀，看来只能当男孩的爸爸，因为你对女孩全然不了解。虽然甜甜平日里看着风风火火的，但是她毕竟是个女孩啊，性格自然也和男孩不同。乐乐虽然平日里性格没有那么高调，但骨子里性格还是很男子汉的，加上男孩的体力本来就比女孩好，你总不能要求咱们甜甜和男孩一样吧？我倒是觉得女孩娇弱一些没什么，这样才会有更多人疼爱她呢！我可不想让咱们家甜甜成为女汉子。"

爸爸因为不懂得男孩与女孩的性格差异，要求甜甜也和哥哥乐乐一样勇敢无畏。实际上，女孩的性格生来就与男孩不同，女孩往往更加谨慎小心一些。作为父母，我们既要欣赏男孩的坚强，也要怜惜女孩的娇弱。

这个世界正是因为有了男人和女人才变得更加美丽和谐的。在很多情况下，男人和女人的性格恰恰是互补的。作为成长中的男孩和女孩，正是因为他们之间的差异，才起到相互弥补和互为促进的作用。唯有了解男孩和女孩的性格差异，父母才能有效避免成长的误区，从而更好地引导女孩发展自身，快乐成长。

第4招

了解女孩的优势与弱势，因材施教

常言道："尺有所短，寸有所长。"在现实生活中，不管是成人还是孩子，每个人都有自己的优点，也都有自己的缺点。每个父母都希望自己的孩子出类拔萃，能够成为人中翘楚。殊不知，孩子也有自身的强项和弱项，也有自己擅长的和不擅长的。唯有认清孩子的优势和劣势，对孩子因材施教，才能做到事半功倍。

一直以来，妈妈都希望萌萌能够把语文学好，这样长大后才会成为充满才情的文艺女青年。然而，萌萌偏偏一点儿都不喜欢语文，只喜欢数学。对于萌萌的表现，妈妈有些担忧，因为妈妈担心喜欢理科的女孩思维、行为比较保守，没有喜欢文科的女孩有灵性。

高中文理分班时，妈妈坚决主张让萌萌学习文科，虽然萌萌也有自己的主见，坚持要报理科，但最终没能拗过妈妈，只好心不甘情不愿地报了文科。然而，萌萌高一高二期间的学习成绩并不好，眼看着高三在即，妈妈意识到萌萌的优势真的不在文科科目上，因而同意萌萌加入理科班，好好拼搏一番。

果然，萌萌仅仅经过高三一年的努力，成功考取了一所知名理工大学，实现了自己的大学梦。

　　不是每个女孩都擅长学习文科，也有很多女孩偏偏对理科更感兴趣。就像有些女孩不喜欢唱歌跳舞，反而喜欢男孩更擅长的跆拳道，或者是绘画。作为父母，一定不要戴着有色眼镜看自己的孩子，更不要先入为主地认为女孩一定在很多领域比不过男孩。只要教导孩子拥有自信，帮孩子认清自己的优势所在，为其提供更好的支持与帮助，那么孩子的人生发展就会更加顺遂，从而慢慢实现自己的梦想！

　　很多人对于女孩都有着可怕的偏见，包括很多父母在内，对于自己的女儿有着不一样的要求。他们觉得女孩不用学习那么好，只要提高自身的素质，将来能够找到一个好归宿，比什么都强。这样的想法显然是片面的。现代社会男女平等，女孩和男孩一样，未来都需要依靠自己的能力谋求发展。

　　假如父母一开始就对女孩降低要求，甚至抱有偏见，那么女孩必然会受到影响，无形中就缩小了自己的认知视野，也降低了要求。其实，女孩应该和男孩一样得到父母的赏识和支持，这样才有可能拥有与众不同的精彩人生。

第 5 招

别让女孩在该奔跑的年纪背上沉重的包袱

每个人在人生路上都会感到迷惘，在这种情况下，与其随波逐流，不如停下来找到自己的初心，从而更加坚定、有方向地继续前行。对于教育年幼的孩子而言，更是如此。不仅父母培养孩子需要明确的目标，孩子对于自己的人生也要有憧憬和规划。

如今，很多父母对于孩子的未来有一百种设想，如果家有女孩，父母恨不得女儿琴棋书画样样精通，也恨不得女儿能够最大限度地学好学业，并能够发挥自身的各种特长和潜能，从而成为一个面面俱到、富有才情的女孩。但是父母唯独没有想过要让孩子成为自己想要变成的样子。这样一来，不仅父母容易在规划孩子人生的时候迷失方向，孩子也会因此觉得漫无目的，甚至虚度一生。

况且，人的时间和精力毕竟是有限的，尤其是孩子正处于生长发育的关键期，在兼顾学习的同时也要保证身体的健康成长。所以父母一定要合理规划孩子的日常作息，协助孩子制定合理的阶段性目标，让孩子心有余力地施展能力与特长。

娅菲是独生女，因此，父母几乎把所有的时间和精力都投入在她身上。

妈妈一直以来都觉得自己小时候没有学习跳舞是一辈子的遗憾，为此她把娅菲送去学习拉丁舞；爸爸则觉得自己没有学会跆拳道，不懂防身之术，也很遗憾，所以把娅菲送去学习跆拳道。在学习上，妈妈觉得语文很重要，因而尽管娅菲才上三年级，她就把娅菲送去学习文言文。爸爸觉得奥数很重要，可以培养人的逻辑思维，因而坚持要让娅菲去学习奥数。再加上英语补习班等，娅菲足足在课余时间参加了九个培训班。

就这样，娅菲没有一点休息时间，连周一到周五正常上课的日子，她下课后还要去上课外培训或特长班。小小年纪的娅菲觉得很疲劳，但是每次她说起自己的感受，父母总是不约而同地反驳她："爸爸妈妈小时候可没有这么好的学习条件，现在爸爸妈妈倾其所有地培养你，你可要知足啊！"无奈，娅菲只好继续每天课后四处奔波，疲于赶场。

期末考试时，原本成绩很稳定的娅菲，只考到班级中等水平。爸爸妈妈完全不知道问题出在哪里，不过在家长会上老师给出了娅菲成绩退步的原因。原来，娅菲最近一段时间上课时总是哈欠连天，根本无法集中注意力听课。妈妈这才意识到问题的严重性，也开始思考自己到底想让女儿成为什么样的人。

对于娅菲而言，她的生活的确太累了。她才三年级，不但要应付学校的功课，还要肩负父母的梦想，在各种课外培训或特长班之间奔波，根本没有时间和精力享受童年的快乐，最终连学习成绩都下降了很多。娅菲之所以如此忙碌和匆忙，就是因为她的父母不知道想让女儿成为怎样的人，从而盲目跟风，让她什么都学。殊不知，孩子的时间和精力是有限的，孩子永远也不可能把所有事情都做到极致。

人生是需要取舍的，作为父母，就算期望孩子在各个方面都出类拔萃，也必须接受孩子不可能绝对完美和绝对优秀的事实。在孩子还没有自主选择能力的时候，父母一定要明确自己的方向，协助孩子确定可行的目标。孩子不但需要成长，也需要快乐。唯有让孩子拥有快乐的童年，孩子才会拥有充实和没有遗憾的人生。

第6招

关注女孩的心理健康，陪伴女孩健康成长

近年来，随着出国热潮的兴起，很多家长都想方设法地把孩子往国外送。当然有些孩子自己也想走出国门，看看不一样的世界。他们渴望着更加广阔的天地，也梦想着视野会因此变得更加开阔。但是值得我们关注的是，总有新闻报道，很多被送到国外学习的孩子，在正值花季的年纪在异国他乡选择结束自己的生命。很难想象他们在异国他乡是有多么无助和绝望。

此前，美国福克斯电视台报道一名中国留学生在圣迭戈市科罗纳多大桥跳海身亡，引起了社会各界的热议。为何这些在国外学习的孩子要选择自杀呢？归根结底是他们的心理出现了问题。只有当他们的人生遭遇了瓶颈，觉得自己无路可走了，想要寻求解脱时，他们才会做出如此令人扼腕的决定。

毋庸置疑，现代社会的孩子在生活和学习中也遭遇重重压力。作为父母，尤其是作为女孩的父母，除了要关注孩子的基本生理需求外，更要关注孩子的心理健康，及时体察孩子的心理变化，从而有效地帮助孩子疏导不良情绪。

同时，父母在教养女孩的过程中，要注意几个关键心理发育期，特别是在十至十三岁的青春发育期，女孩心思更加敏感，感情更加细腻，也开始产生朦胧的情愫。父母必须关注女孩在这个时期的心理变化，才能更好地陪伴和引导女孩成长。

最近，楠楠觉得很苦恼。原来，她和西西曾经是好朋友，不管是上学还是放学，全都形影不离。在学校里，她们还特意找老师把她们调成同桌。毫无疑问，她们是最亲密无间的好朋友。

然而，这段时间以来，西西和笑笑关系渐渐好起来。有的时候，楠楠放学要留下做值日，西西也不再像以前那样等着楠楠，而是和笑笑一起先走了。这样一来，楠楠只能在做完值日后，一个人孤单地回家。

渐渐地，楠楠落单了，她觉得很不开心，周末的时候也不再找西西一起玩耍了。妈妈看出楠楠这段时间情绪比较低落，问清楚事情的缘由后，才知道楠楠原来是在嫉妒笑笑。

妈妈安慰楠楠："好朋友不一定非要两人行，也可以三人行。而且多一个人，你们就会感受到更多的快乐，何乐而不为呢？当然，妈妈知道你和西西才是最好的朋友，你也要相信你和西西的友谊坚不可摧。"

在妈妈的耐心开导下，楠楠才摆正心态，和西西重新成了好朋友。

女孩的心思是非常细腻的，心理变化也是极其微妙的。在现实生活中，女孩有时会表现得心胸不够开阔，哪怕是好朋友之间，也会莫名其妙地争风吃醋。许多对成年人来说是最简单的人际关系和情感状况，对女孩来说或许就是巨大的烦恼，尚未完全成熟的她们内心很容易就会陷入困惑。

在孩子成长的过程中，父母要更加关注女孩的心理，从而才能更好地引导女孩度过人生中迷惘的时刻，让她更加幸福快乐地成长。

第7招

尊重女孩，不做专制独裁的家长

每对父母都会把对孩子的教育当成头等大事，但不是每个父母都能做到教育得当。很多家庭一谈到教育问题，原本和谐友好、亲密无间的亲子关系就会瞬间变得紧张起来。可以说，在现代家庭中，专制的父母很多，真正做到民主、平等的父母少之又少。因此，很多孩子在成长的过程中总是会与父母发生一些分歧或争端：不但孩子很难接受父母的"谆谆教诲"，父母也时常觉得对孩子无计可施。

其实，孩子与父母并非是水火不相容的关系。父母要想与孩子友好相处，就要学会从孩子的角度看待问题。没有孩子喜欢专制的父母。虽然是父母给了孩子生命，又辛苦抚育孩子不断成长，但是父母并不能代替孩子做一切决定。父母要端正态度，给予孩子相对自由的空间，不要觉得自己是孩子的长辈，就一副高高在上的架势，而是要把自己当成孩子的朋友和引路人。只有这样，父母才能更好地与孩子相处，才能更理解孩子，从而得到孩子的信任。要知道最好的亲子关系，莫过于父母和子女之间彼此信任、相互学习、坦诚相见。当然，要想做到这一点并非易事，需要父母和子女都付出很大的努力。

若雨是一名初三的学生，正处于学习上的关键时期。但是偏偏这时，若雨在感情上遇到了一些问题，她喜欢上了班级里的一个男生——小凤。小凤不但高大帅气，学习成绩也很优秀，是全校闻名的学霸。对于这样一个出类拔萃的男生，自然有无数女生爱慕。

原本若雨对于小风并没有太多异样的感觉，但是听到女同学经常议论小风，她才开始关注小风。渐渐地，她居然越来越喜欢他。就这样，若雨陷入了单相思，甚至到了茶不思饭不想的地步。

等到月考，若雨的成绩出现了波动，下滑了好几名。妈妈发现若雨的异常，决定和她开诚布公地谈一谈。当然，妈妈并没有先入为主地批评她，而是像朋友一样站在若雨的角度考虑问题。妈妈自然而然地问起若雨学校里有没有谈恋爱的现象，还说自己高中时期喜欢过一个男孩。听到妈妈的坦诚，若雨自然放松了警惕，最终把自己的感情状况都告诉了妈妈。

原本若雨以为妈妈一定会表现得暴跳如雷，没想到妈妈微笑着说："哈哈，我女儿情窦初开，有喜欢的人了。若雨，这样的感情是非常珍贵的，妈妈希望你好好珍惜。对方既然是个学霸，妈妈有一个好建议，也许能帮你如愿以偿。你愿意听吗？"若雨连连点头。

别人早恋都被妈妈批评，自己单相思却得到妈妈的赞许和支持，这让母女俩的心瞬间贴近了。妈妈告诉若雨："近水楼台先得月，现在先不要轻举妄动，你可以看看小风想要考哪所高中甚至大学，然后制订学习计划，也考入那所学校。这样，你现在面临的情敌全都不存在了，而且你们一起去陌生的城市读书，相互支持和依靠，听起来就很浪漫啊！"

若雨必须承认，妈妈的办法虽然老套，但确实是一个好办法。在之后的三年多的时间里，若雨每天坚持努力学习，最终高考时考出了优异的成绩，从而考取了理想中的大学。

在这个案例中，若雨的妈妈非常聪明。她和大多数妈妈一样最关心孩子的学习，希望孩子好好学习，考上好大学，但是她表达自己愿望的方式显然很不一样。因为，通常很多妈妈在得知孩子早恋之后，往往如临大敌，马上对孩子展开思想教育，甚至还会采取强制手段。殊不知，对于感情而言，哪里有压迫哪里就有反抗，父母的压制越是严重，孩子的反抗也就愈加激烈。若雨的妈妈没有直接表示反对，反而积极主动地为若雨想办法。最终，若雨接受了妈妈的建议，考取了好大学，也让自己的人生有了更多幸福的可能。

有时候，父母抱怨与自己的孩子之间有着很大的隔膜，其实，父母如果能够站在孩子的角度上看待问题，让孩子感受到自己是真心实意地为她着想。这样，亲子之间的关系自然会拉近很多。没有孩子喜欢专制的家长，哪怕是与妈妈亲密无间的女儿，也不希望受到强硬的管制。

第 8 招

养育女孩时刻牢记"三心"

很多父母觉得和养育男孩相比，养育女孩需要耗费更多的心思。的确，对男孩的教养方式稍微粗犷一些也无伤大雅，反而能培养男孩的独立和担当。但是女孩与男孩的生理、心理和性格都不相同，所以照搬养育男孩的方法来对待女孩是完全行不通的。女孩更娇弱，心理上也更脆弱，所以父母唯有对女孩用心呵护，在教养女孩的过程中付出信心、恒心和耐心，才能更好地引领女孩成长，帮助女孩拥有更美好的人生。

孩子是一个鲜活的生命个体，随着年龄的增长，他们的心理也越发敏感。因此，每个父母在养育孩子的过程中都必然要面对层出不穷的问题。在这种情况下，首先，作为父母必须相信自己可以教育好自己的孩子，让孩子拥有独立完整的人生。如果父母自己首先放弃了，那还谈何教育呢？其次，冰冻三尺，非一日之寒，教育是一个漫长的过程，父母必须持之以恒，做好长期战斗的准备。最后，不管遇到什么困难，父母都要具备耐心，在教养孩子的过程中不断学习，找到最合适的教养方式。

在这个世界上，没有任何成功是一蹴而就的，教养孩子更是如此。作为父母，只有具备信心、恒心和耐心这"三心"，才能成为合格的父母，让孩子健康快乐地成长。

　　对于正处于青春叛逆期的丹丹的教育，妈妈时常觉得无计可施。自从上次亲眼看到丹丹和男同学放学一起回家，一路上有说有笑之后，妈妈就对丹丹展开各种心理战术和说教。然而，这一切都没有起到应有的成效，反而激起了丹丹的叛逆心理。

　　妈妈觉得很苦恼，甚至对于教育丹丹失去了信心。她不知道小时候乖巧懂事的女儿为何一下子变得如此叛逆，甚至和自己成了仇人。她伤心不已，信心全无，赶紧打电话给在外地出差的丈夫，让他回来管教丹丹。

　　丈夫风尘仆仆地回到家，看见沮丧失落的她，赶紧安慰道："孩子都是这样的，尤其丹丹正处于青春期阶段。别着急了，等到过了这个阶段一切就都会好了。"

　　爸爸对丹丹的策略显然不同，他当作什么也没有发生，像往常一样对待丹丹。而且，爸爸还有意识地表达自己对丹丹的信心，总是说"我女儿……"

　　看到爸爸对自己怀着如此美好的期许，丹丹渐渐消除了与父母对抗的心理，暗暗下决心要做出个样子来，让父母为她骄傲。

　　对于青春叛逆期的丹丹来说，爸爸的对策就是一如既往地信任，并有意激励，显然非常有效。曾经有心理学家说，假如你想让一个人成为你心目中的样子，你就要按照自己的想象去夸赞他。案例中丹丹的爸爸就是这样做的，所以才让丹丹心甘情愿地改变自己。

　　青春期的孩子大多叛逆，尤其是感情细腻敏感的女孩很容易因为父母一句无心的话就受到伤害。所以面对青春期的女孩，父母一定要对她们有信心，满怀耐心地对待她们，而且不能操之过急，要有恒心，慢慢地去引导她们。当父母具备这"三心"，也就拥有了打开女儿心扉的钥匙。

第9招

父母的行为观念要保持一致

如今很多父母都对孩子寄予了厚望，尤其是在"4-2-1"式的家庭结构中，几乎所有家庭成员都想让孩子按照自己的设想发展。然而，孩子不是机器，不可能同时满足家人各种不同的期待。因而在对待孩子的教育问题上，父母一定要保持观念一致，从而确保行为一致，才能避免给孩子带来疑惑和困扰。

试想，假如父母对于孩子的教育问题总是分歧不断，孩子如何知道自己应该听谁的，又如何知道自己怎样做才是对的呢？这就像一家公司有好几个领导同时下达命令一样，下属不知道应该听谁的，工作自然无法顺利开展。如果父母之间意见不一致，也不要当着孩子的面起冲突，而是要经过协商确定教养孩子最好的方案，再引领孩子目标明确地前进。

在对娜娜的教育问题上，娜娜的父母始终存在分歧。爸爸觉得学习成绩不是最重要的，最重要的是让孩子拥有幸福快乐的人生；妈妈的想法恰恰相反，她始终对于自己的人生不满意，发誓不让女儿再过平庸的生活，因而对娜娜的要求特别严格，决不允许娜娜在学习上有任何懈怠。

有的时候，娜娜周末偶尔偷懒看会儿电视，妈妈一经发现就会对她进行严肃批评，绝不留情。每当看到女儿委屈的哭泣，心疼女儿的爸爸就忍不住和妈妈理论一番。在父母的争吵中，娜娜变得更加迷惘，甚至不知道该不该在学习上严格要求自己。

渐渐地，娜娜的行为出现了分裂。在妈妈面前，她就佯装成认真学习的样子；在爸爸面前，则仗着爸爸疼爱自己，完全把学习抛之脑后。在看似寒窗苦读几年后，娜娜因为学习效率很低，成绩始终没有进步，最终也没有考上理想的大学。

案例中可能娜娜原本能够考取更好的大学，但是由于父母的教育观念有分歧，直接导致了她的"悲剧"。其实，孩子是很聪明的，面对父母的争端，他们都会听进去，记在心里。因此，父母不管有多大分歧，都要背着孩子私下解决，而不要当着孩子的面一而再，再而三地起纷争。归根结底，父母的初衷都是为了孩子好，主要方向上是一致的，如果因为个别细节不能取得意见的统一，给孩子留下不好的印象，让孩子变得无所适从，那么无疑是得不偿失的。

和男孩不同，女孩的心思更加细腻，更能够敏感地感受到父母的情绪。所以父母一定要在女孩的教育问题上达成共识，从而给女孩留下坚定的信念和明确的方向，让女孩能够毫不犹豫地实现目标，和父母一起为了梦想不断努力。目标明确、力量集中的教育，往往能够事半功倍。

第10招

教养女孩时，父母要学会向家人借力

如今，对于很多年轻家长来说，他们不但要负责教育子女，还要负责照顾老人。而当他们忙于工作的时候，他们也会把这"一老一小"变成一个最佳组合，把孩子交给老人带养，自己则全力以赴地投入工作，从而成就自己的事业，也为老老小小创造更好的生活条件。

不过，在让老人带孩子的过程中，难免会出现矛盾。现在，很多年轻人不太会溺爱自己的子女，偏偏老人对孩子隔代亲，非常宠爱孩子，对孩子简直有求必应。在这种情况下，每当孩子变得骄纵，年轻人多会抱怨是老人把孩子惯坏了。如此一来，年轻父母与老人之间就会因为对孩子的教养问题产生矛盾。

其实，父母与其抱怨和责备老人，不如站在老人的角度体谅他们疼爱孙辈的心，与老人合理沟通，从而达成共识，这才是真的为了家庭好、为了孩子好。实际上，老人也并不糊涂，只要把道理说通了，他们当然是愿意为了孙辈好的。对于年轻父母而言，如果能够做通老人的工作，就能通过老人更好地开展对孩子的教育。

近来，妈妈发现田田养成了很多坏习惯。比如，田田每天早晨居然要求坐在电视机前吃早饭。她一边看着动画片，一边吃饭，总是磨磨蹭蹭的，去幼儿园也总是迟到。

对于田田的表现，妈妈很不满意，因而抱怨田田的姥姥："妈，您怎么给她养成了这个坏习惯！"姥姥一听这话不高兴了："嫌弃我带得不好自己带去，我还不想带呢，累得不行还要受埋怨。"

妈妈意识到自己说话有失分寸，赶紧去上班了。

整整一天，妈妈都在考虑如何说服姥姥，让姥姥按照正确的方式管教田田。思来想去，妈妈想到姥姥最在乎田田的身体健康，因而下班回家之后对姥姥说："妈，我今天咨询了当医生的同学，他们说孩子边吃饭边看电视对胃特别不好，因为人在吃饭的时候需要消化液和血液促进肠胃消化，如果边看电视边吃饭，血液就会提供给大脑，提供给肠胃的血液不足，就会影响肠胃的健康。所以我想咱们俩能不能互相配合下，您负责早餐，我负责晚餐，把她边看动画片边吃饭的毛病改掉呢？"

姥姥听到妈妈的话，当即表态："对胃不好啊，那可不能再这样下去了。你放心，我一定给她改过来，就算她哭闹表示抗议，我也不妥协。"就这样，妈妈把姥姥变成了自己的同盟军，她对于田田的教育方法自然能够得到孩子姥姥的贯彻和执行。

大多数老人对于孙辈都会宠爱有加。他们自己养育子女时，因为忙于工作，并没有太多时间和精力来管教他们。等到子女也成了父母，他们大多数也已经退休，可以全心全意地照顾孙辈，所以他们对孙辈简直比对自己的孩子还亲。

要想避免与老一辈人因孩子的教育问题而产生冲突，年轻父母首先要理解长辈对孩子的疼爱之情，在此基础上再以"为了孩子好"为共同出发点，与长辈达成教养共识，这样就能成功借用老人之力达到对孩子教育的目的。

第二章

用心关爱，细心呵护女孩成长

养育女孩并不比养育男孩省心。虽然女孩不会像男孩那么调皮，但是养育女孩却有其自身的烦恼。而且，女孩心中有着"千千结"，大多数时候用来养育男孩的简单办法并不适用于女孩。因而父母养育女孩，要用爱和呵护赢得女孩的心，一味地惩罚女孩，会使女孩原本敏感的内心更受挫。

第11招

学会运用妈妈的榜样力量

如果说爸爸是男孩的榜样，能教会男孩勇敢无畏，那么妈妈则无疑是女孩的榜样，教会女孩温柔独立。原本女儿就是妈妈的贴心小棉袄，母女往往都更爱倾诉，更容易成为朋友，女儿遇到什么事情都愿意向妈妈倾诉。在这种情况下，妈妈就能够帮助女儿消除很多烦恼，教会她如何正确应对人生。

众所周知，榜样的力量是无穷的。即便对于成人，榜样也会起到很大的作用，更何况是对于孩子呢！尤其是当妈妈成为女儿的榜样时，女儿一定会从妈妈身上得到很强大的力量，也会心甘情愿地向妈妈学习。很多时候，说服教育远没有身体力行的榜样教育直观有效。女儿每天和妈妈一起生活，耳濡目染、潜移默化，言行举止中自然会带着妈妈的影子，所以妈妈一定要以身作则，为女儿树立好的榜样。

九岁的琳琳近来突然迷上了化妆，她总是偷偷拿出妈妈的各种化妆品，把自己的脸当成了一个大画板，趁着大人不注意把自己的脸画得像小花猫一样。妈妈对此很生气，严厉地批评了琳琳。她认为，一则化妆品对孩子娇嫩的皮肤不好；二则化妆品很贵，就这样被琳琳浪费了很可惜。然而，每当妈妈洗漱完坐在镜子前往脸上涂涂抹抹时，琳琳总是围在妈妈身边看。在这样的耳濡目染中，妈妈无论多么严肃地制止琳琳，结果都无济于事。

　　为了帮助琳琳形成正确的观点，妈妈不得不忍痛割爱，把那些化妆品全都束之高阁，开始素面朝天，给琳琳树立榜样。果不其然，一段时间之后，琳琳彻底忘掉了化妆。

　　有一次，在体检过程中，医生检查出琳琳有些轻微缺钙，便叮嘱妈妈多带琳琳去室外晒晒太阳。可是，琳琳和妈妈一样怕晒太阳，因为琳琳要当“白美人”，不要当“黑美人”。为了给孩子树立榜样，妈妈提前给自己和琳琳涂抹上防晒霜，然后陪着琳琳一起去室外活动，妈妈还告诉琳琳皮肤天天不见太阳，也是不健康的。就这样，琳琳越来越喜欢跟着妈妈一起到室外运动，身体也越来越健康。

　　现代社会，有很多年轻父母行为肆意，随心所欲，但是在有了孩子之后，要努力改掉已经习惯成自然的坏毛病，用好的标准要求自己，变得更加慎重和内敛，就是为了给孩子树立好的榜样，以榜样的强大力量引领孩子健康成长。

　　既然父母是孩子言传身教的榜样，那么作为家长，尤其是妈妈在教养女孩时，更要有意识地改掉自己不好的生活习惯，并培养自己的优秀品质，这样就算妈妈不刻意地对女孩进行说教，她们也会受到妈妈潜移默化的影响，最终成为更优秀的女孩。

第12招

爸爸要给女孩更多安全感

在传统的家庭模式中，妈妈更多地负责家庭生活中的琐事，爸爸则是家庭的主要支柱，不但从经济上，也从心理和感情上给予家庭强大的支撑。如果说女孩跟妈妈学习的主要是点点滴滴的小事，那么从爸爸身上学到更多的是爱的自由度、如何和男孩相处等，从而使女孩内心更有安全感。

从小菁菁就缺乏安全感。她原本有个幸福的家，然而这一切从她的爸爸酗酒开始，就全都结束了。

菁菁至今还记得，在她五岁那年的一个雷电交加、大雨瓢泼的夜晚，菁菁和父母一起住在爸爸单位分的房子里。那天晚上，爸爸喝得烂醉如泥，但是没有像往常一样倒头大睡，而是和妈妈争吵了起来。菁菁躲在角落里，看着吵闹不休的父母非常害怕。一直等到爸爸吵累了、睡着了，她才跑到自己的房间里睡觉。

自此之后，爸爸开始变得嗜酒如命，常常在夜里对妈妈和菁菁大吵大闹，使小小年纪的菁菁每天都过得提心吊胆。

可想而知，在这样的家庭环境中长大的菁菁根本就没有安全感可言。她无比渴望有自己的家，能够彻底摆脱嗜酒的爸爸。

案例中的菁菁看似有一个完整的家，但实际上她的成长是有所缺失的，因为爸爸不但不能给予她安全感，还给她带来了深深的恐惧，使她的内心受到创伤，而且很难平复。

很多女孩一旦遇到为难的事情，就会很害怕，心情也变得焦虑起来。在这种情况下，假如父母，尤其是爸爸能够给予女孩更多的安全感，在她们感到担忧和恐惧的时候，陪伴在女孩身边，为她们撑起一片晴空，那么今后女孩不管遇到什么事情，都不会太害怕。因为她们有爸爸作后盾，知道不管遇到任何事情，爸爸都能成为她们强有力的依靠。

相反，在很多家庭里爸爸性格软弱，遇到事情瞻前顾后、犹豫不决，或者爸爸爱喝酒，总是喝得醉醺醺的，无法承担家庭的责任，那么女孩一定会更缺乏安全感。这样不但会影响女孩当下的生活，还会影响女孩的一生。很多女孩之所以长大之后依然缺乏安全感，就是因为从小没有在整个家庭中得到过，尤其是没有从爸爸那里得到安全感。

一个合格的爸爸，一个为了女儿好的爸爸，一定会想方设法地给予女儿安全感。女孩唯有在安全的氛围中成长，长大之后才不会茫然无措，不会因为缺乏安全感而逃避生活中的困难与挫折，更不会把情感寄托在错误的地方。

第13招

平等对待女孩，从心底认同，从细节做起

尽管男女平等已经提倡很多年了，但是在部分比较传统的家庭中还会出现重男轻女的行为，有部分女孩从小就被家庭忽视，甚至受到不公平的对待。尽管很多时候家长的这种行为都是无意的。

其实，不管是男孩还是女孩，都是祖国的花朵。有些家庭虽然口头上说对男孩、女孩一视同仁，但是实际上他们骨子里还是重视男孩，轻视女孩。因此父母唯有把细微处都做得恰到好处，女孩才能真正得到平等的对待。

作为父母，如果家里只有一个女孩，自然要把所有心力都倾注到女孩身上。现在二胎政策放开了，如果家里既有女孩也有男孩，父母就要注意一视同仁，平等对待女孩与男孩。

静静是妈妈的第一个孩子，不过据妈妈说她生下静静后就被奶奶念叨，催妈妈再生个男孩。

在奶奶的念叨下，在静静五岁的时候，妈妈生了一个弟弟阳阳。虽然奶奶会有意无意地表现出重男轻女的行为，但是妈妈心里始终对静静和阳阳一视同仁。

有一年，静静已经读小学了，奶奶给阳阳买了一个玩具，却没有给静静买。奶奶还对妈妈说："我给阳阳买了一个玩具汽车，静静是女孩，就算

了吧。"

妈妈听到这句话很不开心，她看了看静静失落的眼神，对静静奶奶说："既然您没有给静静买，那您把给阳阳的玩具汽车也拿回去吧，我给俩孩子买，一人一个。"

就这样，妈妈坚决把玩具汽车还给了奶奶，隔天就去商场给静静和阳阳一人买了一个玩具。静静虽然还小，但是依然把这件事情记在了心里，她很感激妈妈为自己做的一切。

如今虽然大城市里的人很少重男轻女，也基本能够做到平等对待女孩，但是传统腐朽的封建思想依然残留在少数人的心里，尤其是老一辈人。如果大人这么做了，由于女孩心思敏感细腻，假如意识到自己被轻视，一定会令她们留下不可磨灭的心理阴影，甚至对自己失去信心。

作为父母，要给予孩子足够的爱与平等。唯有用心浇灌孩子的成长，孩子才能更加自信地面对人生。尤其是在既有女孩也有男孩的家庭里，父母更要多留意和关注女孩，不要过分偏爱男孩，使得女孩的心中产生巨大的落差。幸福的女孩都是被宠爱出来的，如果父母不宠爱女孩，也许女孩的一生都会与幸福擦肩而过。

第14招

不要对女孩滥用身为父母的权力

孩子不是任何人的私有财产，哪怕是生养孩子的父母，也无法决定孩子的人生。很多有女孩的父母都希望女孩能够琴棋书画样样精通，也希望女孩能够最大限度地发挥自身的能力，拥有美好的人生。殊不知，孩子虽然还小，但是也有自身的性格和脾气，当他们渐渐长大，会对自己的人生产生美好的憧憬。因而父母虽然作为孩子的引路人，却不能随意安排和操控孩子的人生。

在现实生活中，很多父母也许对男孩采取散养的方式，但是对于女孩却监管得很严格。的确，社会处处充满陷阱，有的时候一旦监管不到位，孩子就有可能受到伤害。但是，女孩也不应该是温室里的花朵，也需要走出家门经历风雨，这样她们的人生才能更加完整。所以作为父母，一定不要对女孩滥用家长的权威，而是要充分尊重女孩，尽量给予女孩更多自主选择的权利。

小云读小学三年级了，和其他安静内向的女孩不同，小云十分活泼好动。她就像个"假小子"一样，尽管上课的时候还能安静地听讲，但是一旦下课就马上冲到操场上疯玩。很多健身器材连男同学都不敢玩，小云总是毫不犹豫地冲上去。

有一次，小云在玩健身器材的时候，不小心摔倒了，胳膊上破了很大一块皮，流了很多血，她却像没事儿人一样，继续玩耍。渐渐地，老师和同学们都习惯了小云"假小子"的性格，也很喜欢她风风火火、大大咧咧的样子。

但是突然有一天，小云完全变了。课间，她除了去过一次卫生间之外，就一直坐在座位上看书。就连上体育课自由活动时，她也只是站在一旁看着别人兴高采烈地玩球。同学们很好奇小云发生了什么事情，班主任对小云近期的表现也很诧异。

一天课间，班主任特意问小云："小云，你怎么突然变得这么安静了？"

小云对老师说："老师，爸爸妈妈要求我变成淑女，还要求我不能弄脏衣服。"说完，小云的神色黯淡下来。

显而易见，小云的父母正在滥用他们作为父母的权威，强迫小云改变自己的脾气秉性。他们在要求小云变得安静沉稳的同时，也剥夺了小云的快乐。这种教育方式除了给孩子带来伤害、使孩子觉得压抑之外，毫无用处。

父母必须明白，要想将孩子的脾气秉性调转成自己想要的样子，几乎是不可能的，就算能够改变孩子的性格，以孩子的快乐作为代价也是不划算的。更何况，谁说女孩就一定只能做"淑女"呢？要知道，女孩不管是淑女，还是"假小子"，都是属于她们本身的性格特质，没有好坏之分。

第15招

不要随便给女孩贴标签

所谓贴标签，即指一个人被冠以某种词语作为标签，从而按照这个词语的意思做出自我印象管理，导致这个人的行为与词语的内容一致。当事人的改变是由于贴标签引起的，所以这种现象也被称为"标签效应"。从心理学的角度来看，贴标签实际上就是一种心理暗示，这种暗示既可以是正面的，也可以是负面的。当一个人被贴上了标签，很容易就会受到强烈暗示，因而朝着标签的方向发展。

由此可见，贴标签对于孩子的影响非常大。一则，孩子的心理发育还不够成熟，无法准确地做出自我判断，因而他们更愿意相信身边人对自己的评价；二则，大多数标签都是负面标签，很多父母对孩子都是疏于赞扬，只知道一味地苛责与批评。

因此，父母一定不要轻易给孩子贴标签，尤其是女孩。比如，如果父母总是当着别人的面说自己的孩子非常笨，学习能力不强，那么几次之后，孩子在心理的暗示下，就会觉得自己的确不是学习的料，甚至会放弃学习。再如，假如父母总是说孩子胆小，而不夸赞孩子勇敢，那么孩子一定会越来越胆小，甚至不敢一个人待着。好孩子都是夸出来的，与其用那些充满负面情绪和意义的词语给孩子贴标签，不如多多鼓励孩子，让孩子在不知不觉中朝着好的方向发展。

　　然然从来不敢当众唱歌，因为每当她唱歌的时候，爸爸就说她"五音不全"。小小年纪的然然对音乐没有鉴赏力，而且也不够自信，由于爸爸几次三番地强调她"五音不全"，渐渐地，她再也不敢唱歌了。每当看到班级里的女生参加学校的合唱团，她都觉得羡慕不已。

　　直到读初中，然然和同学们一起去唱歌，然然也只是安安静静地坐在一边，从来不敢拿起话筒。

　　有一次，在班级元旦联欢会上，然然的好朋友坚持邀请然然一起唱歌，然然尝试着唱了张雨生的《大海》，她清亮的嗓音，居然让在场的同学们都震惊了。大家纷纷问然然为什么声音这么好听却从来不唱歌，然然这才说："从小我就被爸爸说是五音不全，根本不敢唱歌，怕吓到你们啊！"

　　孩子在形成成熟的判断能力之前是无法客观认识自身能力的，因而很多孩子都特别信任父母，尤其在乎父母对自己的评价。案例中的然然从小就被爸爸贴五音不全的标签。于是然然便产生了这样的自我认知，从来不敢唱歌，而且一直认为自己五音不全，可想而知她在成长的过程中失去了多少音乐带来的乐趣。爸爸对然然的评价也许出于无心，也许只是逗孩子玩玩，没有想到后果居然如此严重。

　　所以，在教养孩子的问题上，父母作为孩子依赖和信任的人，一定要谨言慎行，不要轻易对孩子做负面评价。当我们不再吝于赞美孩子时，他们的人生也许就会变得与众不同。

第16招

对女孩的爱要直接表达出来

这个世界上有各种各样的感情，而最单纯的陪伴相处和最美好的情感成长，当属父母对孩子无条件的爱。

遗憾的是，父母与子女之间的关系并非永远是和谐友好的，父母与子女之间的相处也并非永远都是亲密无间的。很多父母在爱孩子的时候并不会采取正面管教的方式，而是对孩子充满苛求和指责。也许在孩子小的时候父母还能欣赏和认可孩子，但是随着孩子渐渐长大，父母对他们的要求就会越来越高，越来越严苛，虽然偶尔内心也承认孩子的优秀，但是很少主动开口表达对孩子浓浓的爱意。

父母望子成龙、望女成凤的心当然是可以理解和体谅的。然而最可怜的是孩子，他们不仅要面对巨大的学习压力，还要经受父母的严密管教。有些孩子因为无法忍受父母施加的巨大压力而选择离家出走，还有的孩子由于一时冲动而选择了轻生。不得不说，这是因为父母只顾着给孩子施加压力，却没有及时通过语言和行动向孩子表达自己的爱。

尤其对于女孩而言，她们感情细腻，心思敏感，对父母又有着更深的依赖。因此，在教养孩子的过程中，父母更要付出足够的爱与耐心，让他们在幸福快乐中成长。父母千万不要把爱深藏在心底，要记住，孩子与成人不同，他们需要的不是深藏的爱，而是父母简单直接的爱。

佳佳是一名留守儿童，正在读初中。在佳佳很小的时候，父母就外出打工了，每年只有春节才回来和佳佳团聚几天。小的时候佳佳还不懂事，只要有吃有喝，跟着爷爷奶奶一起生活就觉得很满足。但是随着年龄的增长，她开始变得孤单自闭。很多事情她和奶奶说了，奶奶并不能理解她。她想和妈妈说，但妈妈又离得很远。佳佳只能把一切心事都埋在自己的心里。

有一次，佳佳在学校和同学发生了激烈的争吵，感性的闸门忽然之间就打开了。她打电话给妈妈，质问妈妈为何从来不管她。

听说佳佳这样的状况，身在外地的妈妈非常担心，马上联系了老师。老师告诉妈妈："佳佳平日里就很孤僻，不喜欢和同学们一起玩，这次不知道为何和同学吵得这么厉害，她什么都不愿意说。建议你们还是经常回来看看佳佳，多关心一下她。"

妈妈通过电话和佳佳进行了长谈，并告诉佳佳："我和爸爸之所以在外面拼命打工，也是为了给你更好的生活。"

佳佳却说出了让妈妈震惊的话："我不觉得你们是为了我。你们要是真的为了我，你们就回家陪着我。钱是永远挣不完的，没有你们的陪伴，给我攒再多的钱有什么用？"

佳佳的话使妈妈陷入沉思。的确，她这个妈妈太不称职了，对孩子除了经济上的给予之外，对孩子的关爱和爱意的表达少之又少，才使佳佳变得更加沉默寡言。

现代社会有很多儿童是在缺乏父母关爱的成长过程中逐渐变得冷漠自闭的。很多父母自以为外出打工是为了给孩子提供更好的物质条件，殊不知，孩子的成长不仅需要物质条件，更需要父母用语言和行动表现出来的爱。爱，看似只有简简单单一个字，实际上却无比沉重。为人父母要想更好地养育孩子，就要学会表达爱，而不是把爱深埋在心底。

说到这里，很多父母可能会说，我们中国父母对孩子的爱都是深沉的，不善于表达出来，相信孩子能感知到我们深沉的爱。事实并非如此，我们知道，和男孩相比,女孩天性就倾向于关系式的生活方式。也就是说,女孩更需要父母的爱,更希望能经常感受到父母的爱。通常男孩靠行动来表达自己,但女孩不同,她们靠语言来表达自己,通过与父母的交流与沟通来获取父母对她的爱,同时获得她们需要的关心、理解、尊重、体贴和安慰。

孩子的成长过程仅有一次,是无法重来的。每一个孩子在成长的过程中都不光有吃喝拉撒、衣食住行的需求,更有精神和情感上的需求。父母如果不能给予孩子爱,孩子的心就会变成荒漠,最终野草丛生,再也看不到鲜花遍野。

因此,我们建议广大家长朋友,在养育女孩时,请尽量给女孩一个有安全感的成长环境,尤其是稳定的家庭环境。同时,为了让女孩感受到满满的爱意,请多陪伴孩子,并表达你的爱吧。

第17招

不要对女孩轻易许诺

　　每一个孩子的成长都离不开父母的关爱，女孩更是如此。正是在父母的关爱下，女孩才渐渐成长，从懵懂无知的幼女，变成亭亭玉立的少女，再到成熟的女人。

　　看到人比花娇的女儿，每对父母心中都会瞬间被暖化。他们恨不得把这个世界上最好的东西都给她，让她得到所有人都羡慕的幸福。当女儿有了心愿需要满足时，总有些父母不假思索地应承下来，答应孩子的所有要求。

　　殊不知，孩子虽小，也有自己的小心思。他们不愿意被父母欺骗，更难接受父母的食言。当父母对孩子的承诺没有兑现时，他们不但会失去孩子的信任，还会使他们受其影响，不懂得一诺千金的道理，甚至长大以后变得言而无信。这样的结果显然是父母最不愿意看到的。所以作为负责任的父母，千万不要轻易对孩子许诺。一旦对孩子许下诺言，就一定要切实地履行。

　　一天早晨，曾子的妻子洗漱好之后，换上干净的衣服要和邻居结伴去赶集。她正准备走出家门，年幼的孩子就从屋子里追出来，哭闹着也要跟妈妈去赶集。妈妈想到集市在很远的地方，而且孩子还小，根本走不了那么远的路，因而就哄骗孩子说："宝贝，你乖乖在家待着。妈妈快去快回，回来之后就给你杀猪吃肉，好不好？"孩子听到妈妈的承诺，当即不再哭闹，眼巴巴地目送妈妈走远。

妈妈走后，孩子一直守在家门口等待着妈妈归来。曾子不知何故，问了孩子才知道妻子说回来之后杀猪给他吃肉。眼看着天色将晚，曾子见妻子还没有回来，就先开始磨刀准备杀猪。妻子回到家里，听到磨刀的声音，问曾子要做什么。曾子说要杀猪，妻子赶紧阻止："我是哄孩子呢，你怎么当真啦？家里还指望着这猪过年呢！"

曾子一本正经地说："作为父母，怎么能欺骗孩子呢？你既然对孩子许诺了，就要兑现。不然孩子现在被我们哄骗了，将来不但不会再相信我们说的任何话，还会像我们一样去哄骗别人！这样的孩子长大之后怎么可能成才呢？"

妻子觉得曾子的话很有道理，因而赶紧帮着曾子一起杀猪，他们不但自己家吃了猪肉，还邀请周围的邻居也大快朵颐了一番呢！

曾子杀猪的故事流传已久，曾子之所以坚持杀猪，就是为了给孩子树立兑现承诺的榜样。在养育孩子的过程中，父母总是希望孩子把自己视为权威，听从自己的教导。殊不知，父母的权威是需要自己在一点一滴的行动中树立的，而要想做到这点，父母必须首先以身作则，兑现诺言，才能得到孩子的信任。

鉴于此，父母一定不要随口对孩子许上诺言，过后却又抛之脑后。常言道："言必行，行必果。"父母一定要牢牢记住自己对孩子说的每一句话，才能让孩子更加信任父母，也才能更好地养育孩子。

第18招

批评女孩更要讲究方式和方法

很多父母望子成龙，望女成凤，时刻盼望孩子更快更好地长大成才。殊不知，罗马不是一天建成的，孩子也不可能一天就长大成人。每个孩子更是在不断犯错的过程中成长的。在这种情况下，我们应该正视孩子一定会犯错的事实，提前做好心理建设，就不会在孩子犯错时觉得无法接受，甚至对孩子歇斯底里地批评和指责。要知道，父母引导和陪伴孩子成长，很重要的一点就是掌握批评孩子的艺术。

女孩的心理发育往往要比男孩早一些，而且心思细腻，感知力丰富，因而父母在教养女孩的过程中，一定不要以对待男孩的粗暴方式来对待女孩，否则就会伤害女孩敏感细腻的心灵。

这段时间，清清的心情很不好，因为她喜欢上了班级里的一个男孩，导致不管是上课还是下课她都魂不守舍，学习成绩也急速下降。老师有所觉察，找到清清妈妈进行了谈话，隐晦地暗示清清也许早恋了。当时正值初三关键时期，妈妈恨不得当即把清清找来好好询问一番，然后果断帮助清清斩断情丝。

然而，爸爸的意见截然不同。他对清清妈妈说："清清既然没有把这个情况告诉你，就是因为她觉得自己能解决，或者根本不想让你知道。孩子大了，我们要尊重她的隐私，不要窥探她心里的秘密。我们只有尊重孩子，才能得到孩子的配合，我建议按兵不动、旁敲侧击，适当地加强对她的监管，我相信她会自己走出来的。"

就这样，清清的父母协商一致，以妈妈犯了偏头痛需要照顾为由，让原本住校的清清回家住一段时间，这样父母自然就有更多的时间与清清在一起了。等到清清回家之后，父母对清清非常关心，经常对她嘘寒问暖，不但关心清清的学习，还关心清清的身体健康和心情状态。

在和父母相处的过程中，清清感受到了父母对她的关怀，也深刻体会到了父母望女成凤的苦心。

最终，她决定忘记一切不该想的事情，认真努力地学习，争取考上重点高中，再考入理想的大学。因为原本基础就不错，所以她的成绩很快得到了提高，父母也终于可以放心了。

在这个案例中，父母对待清清的方式不是批评，而且决定信任清清。这样一来，原本就懂事的清清受到亲情的感化，自然不会再继续执迷不悟地在错误的道路上越走越远了。

那么，批评女孩究竟要掌握哪些艺术呢？

首先，要把女孩当成平等的个体，充分尊重女孩。孩子哪怕年纪再小，也绝不是父母的附属品，父母唯有把自己当成与孩子平等的朋友，才能得到孩子同样的真心相待。

其次，女孩在成长的过程中会遇到更多的困惑，出于情感、生理和心理等方面的原因，女孩对于成长中的困扰常常会觉得无奈，甚至产生无力感。在这种情况下，父母更要给予女孩足够的爱与耐心，宽容与理解，才能真正打开女孩的心扉，让女孩更愿意向父母倾诉，与父母和谐共处。

最后，还要讲究批评的方式与方法。毕竟，没有任何方法是放之四海而皆适用的，我们唯有在与孩子相处的过程中用心思考，找到最佳的批评方式，才能让我们与孩子的相处更加和谐。否则，一旦激起女孩的逆反心理，批评非但达不到预期效果，甚至会使一切变得更加糟糕。

　　其实，父母批评女孩的方式有很多种，比如，可以采取旁敲侧击、隐晦暗示的方式。如果有些父母本身性格就很内向，或者不好意思和女孩说些敏感的话题，也可以借助于某些书来提醒女孩。倘若女孩的心思细腻敏感，我们就不能过于直白，点到即止即可。当然，每个孩子的脾气秉性都是不同的，作为父母，我们唯有充分了解自己的孩子，才能有针对性地采取最有效的方法来教养。

第19招

发生冲突要冷静处理

作为父母，最艰难的不是养育孩子的过程，而是在孩子长大时看着他们渐行渐远，渐渐有了自己的思想和主见，再也不愿意听从自己的建议。所以很多父母都说，还是孩子小的时候好，因为比较听话，与父母的冲突也比较少。

但是父母必须明白的一点是，虽然父母是陪伴孩子成长过程中最亲近的人，但孩子并不会因为是由父母抚育其长大的，就事事处处对父母言听计从。随着孩子不断长大，在特定时期孩子会产生阶段性的叛逆心理，这是成长规律。

孩子自从自我意识的形成开始，很容易因为各种各样的问题对父母产生逆反心理。这种情况如同大禹治水一样，宜疏不宜堵，父母唯有理解孩子，耐心地与孩子沟通，才能彻底解决问题。这段时期内，亲子之间的冲突不断，有的时候孩子或者父母会因为对方的不理解或者故意挑衅，而变得歇斯底里。

为了避免亲子之间情绪过激导致事态失控，我们要恰当使用"暂停术"。所谓暂停术，就是我们平日里所说的冷处理。很多时候，事发当时人们往往情绪激动，唯有经过一段时间的冷静之后，才能进行理性分析，积极寻找解决办法，双方也才能心平气和地进行交流和沟通。

墨墨去年因为腿部骨折休学一年，卧床好几个月，因而长胖了二十多斤。

原本体态健康匀称的墨墨，现在变成了胖丫头，为此爸爸每个周末都会带着墨墨去爬山。到了暑假，爸爸更是隔三岔五带着墨墨出去运动。

不过，暑假并不比上课的日子轻松，因为妈妈给墨墨报名参加了好几个课外辅导班，帮助她补上休学期间落下的课程。这天，墨墨从十点钟开始上英语课，中午休息了一个小时后，下午一点又开始上数学课，直到下午三点才结束。墨墨回到家里已经三点半了。爸爸提议去爬山，墨墨同意了，不过她还有很多补习班老师留的作业没有完成，她计划在爬完山回到家之后就抓紧时间完成作业。墨墨也确实是这样做的，晚上回到家，她简单吃了些饭菜，就去做作业了。

但是也许因为作业太多，时间又紧迫，墨墨的情绪很不稳定。她有些着急地说："爸爸，你快来看看，这道题怎么做？"由于爸爸手头有些事情没做完，就没有回应墨墨，墨墨便有些不耐烦了。

这时，爸爸有些不高兴地质问墨墨："是你去上课，还是我去上课？做作业是你的任务还是我的任务？"墨墨委屈得哭了起来，和爸爸说着说着又吵了起来。墨墨越哭越凶，爸爸看着她上气不接下气的样子，说："好吧，咱们先暂停一下，等到你不哭了，咱们再说话。"

说完，爸爸就离开了，只剩下墨墨一个人继续委屈地哭着。但是等她恢复冷静之后，就渐渐地想清楚了。的确，完成作业不是爸爸的任务，而是自己的事情，想请爸爸帮助还那么不客气，确实是自己不对，再说去爬山也是自己同意了的，爸爸更是为了帮助她锻炼身体和减肥，所以她完全没有理由迁怒于爸爸。

就这样，冷静下来的墨墨去找爸爸道了歉，原本紧张的气氛得以缓和。爸爸帮助墨墨解决了作业中的难题，发泄完情绪的墨墨心情愉悦地去做剩下的作业了。

要想减少亲子之间沟通的误解和冲突，父母就要学会暂停术，从而为自己和孩子提供冷静的时间和思考的空间。否则，如果一味地僵持和争执下去，双方都会被过激情绪操控，不但无法解决问题，而且很可能说些违心的气话，伤害彼此之间的感情。

案例中，如果爸爸不懂得适当退步，给墨墨留下平复心情的机会，那么墨墨很有可能因为一时冲动，进行更加激烈的反抗。司机开车时都知道遇到红灯宁停三分钟，不抢一秒钟，父母也要知道，遇到事情要先让自己冷静下来。唯有在合适的时机说出合适的话，才能起到预期的效果。

对于父母来说，学会暂停术不但对亲子交流有好处，而且对于处理生活和工作中的其他事情，都不失为一个好办法。

第20招

用你期待的方式赞美你的小公主

很多父母虽然对孩子宠爱有加，但在教养方面始终找不到合适的方法。他们时而如同天使一样呵护孩子，时而如同魔鬼一样训斥孩子。久而久之，必然导致孩子很迷惘，不知道自己该如何做才能让父母满意。

要知道，人的本能就是趋利避害，每个人都喜欢听到赞美的话，而不愿意受到批评和指责，孩子也是如此。尤其是心思细腻的女孩，更是害怕听到父母对自己的批评，有的时候哪怕是父母小小的否定也会使她们沮丧很长一段时间，甚至对自己失去信心。因此，对于女孩的教育而言，父母既要减少苛责，还要利用自己的火眼金睛多多发现女孩的优点，从而真诚地赞美女孩，让她们充满自信。

毛毛是个胆小的女孩，也许是因为从小和妈妈一起长大，爸爸工作忙碌很少在家的缘故。毛毛非常安静，总是缺乏大胆尝试的勇气。虽然现在已经上小学了，但是毛毛做起事来还是畏手畏脚的。有的时候妈妈无心的一句话，就会让她难过好几天。

暑假的时候，妈妈为毛毛报名参加了英语培训班。一来是因为妈妈还要工作，没有时间陪毛毛在家过暑假；二来也是因为毛毛英语成绩不好，学习上相对吃力。有一天，妈妈送毛毛去参加培训班，到了学校门口的时候，叮嘱毛毛：“毛毛，上课要认真听讲哦！”毛毛点点头就走进了学校。

当天晚上回家，毛毛一直不高兴，妈妈问她是不是在学校发生了不愉快的事情，毛毛也不说话。后来，在妈妈的再三追问下，毛毛突然哭了，问妈妈："妈妈，是不是老师说我上课听讲不认真，所以你才让我认真听讲的？但是我上课很认真地在听讲啊，老师还表扬我了呢！"

听到毛毛的话，妈妈觉得啼笑皆非，又很心疼毛毛，于是赶紧解释："不是啊，妈妈只是简单地叮嘱你，并不是因为老师说了什么才那样说的。就像你每次出去玩，妈妈也会叮嘱你小心是一样的。"

毛毛这才破涕为笑，告诉妈妈老师今天表扬她听讲很认真。妈妈意识到问题的严重性，不但告诉毛毛父母叮嘱孩子是很正常的，并非因为孩子表现不好，而且还决定自己以后一定要多多表扬毛毛，帮助毛毛建立自信心。

女孩的心思千奇百怪。对于自己从小一手养大的毛毛，妈妈也难免会有些看不明白。其实，毛毛就是因为太自卑、太敏感了，所以才会因为妈妈无心说的话而想多了，而且她内心深处也很渴望得到妈妈的表扬，所以才会这么在乎妈妈的每一句话。

作为父母，为孩子指出错误，管教和批评孩子当然很重要，但是也要多多表扬孩子。常言道，好孩子都是夸出来的，因此，作为父母，你想让孩子变成什么样子，就用什么样的方式去赞美孩子。我们一定要多多真诚地表扬和夸赞孩子，让孩子感受到我们对他们的肯定，从而建立自信，走向成功。

第三章

实施鼓励教育，让女孩充满自信

在成长的道路上，每个孩子都难免会遇到很多艰难坎坷。要想让孩子不畏艰难，在未来的路上永不放弃，越挫越勇，作为父母，我们就要有意识地培养孩子的自信心。唯有充满信心，孩子才能最大限度地发挥自身的主观能动性，从而把握好人生的方向，奔着目标勇往直前。

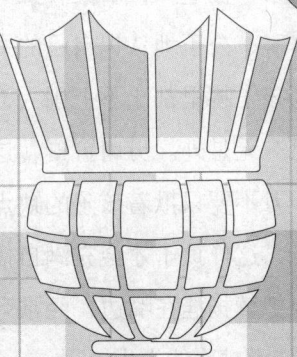

第21招

正面教育要从女孩的优点着手

每个孩子都是既有优点也有缺点的。即便有些父母觉得自己的孩子不如别人家的孩子优秀，也不能否认孩子有他自身的优势。因而，父母朋友们，当我们在对孩子从期望到失望，对孩子看不顺眼的时候，不要抱怨孩子不够优秀，而是要反思自己是否真的努力去发现孩子的优点了。没有一无是处的孩子，只有不善于发现孩子优点的父母。

人们常说父母是孩子的第一任老师，从某种意义上来说，父母不仅是孩子的启蒙者，也是启发孩子客观、公正地认识自己的人。如果父母不知道孩子有何优点，而只是一味地认为孩子哪里都比不上别人，那么孩子必然也会对自己形成错误的认知，认为自己一无是处。毋庸置疑，这样的孩子长大以后也会没有自信。所以作为父母，千万不要只揪着孩子的缺点不放手，要多发现孩子的优点，经常夸赞孩子的优点，这样孩子才会充满自信。尤其是对于心思敏感、细腻的女孩而言，父母更要把赞扬挂在嘴边，经常夸赞女孩的优点，这样她才会充满信心，也才会拥有充实而精彩的人生。

清雅是个非常自卑的女孩，学校里不管有什么活动，她从来不敢主动参加。诸如这次节日，学校里要举办一场庆祝活动，要求每个班级至少出三个节目。老师挑选出十几个孩子，想让他们进行小合唱表演，其中就有清雅。但是清雅却畏畏缩缩地不愿意参加。

为了帮助清雅建立信心，班级老师甚至请音乐老师评价清雅的嗓音。音乐老师告诉清雅："清雅，你的声音非常纯净，因为小合唱是集体演唱，需要和音，你的声音就很适合。"即便音乐老师已经给出了权威的评价，清雅还是不想参加。

在老师的再三追问下，她才说："我家人都说我没有音乐细胞，所以我从来不敢在别人面前唱歌。"听到清雅的话，老师觉得啼笑皆非，原来都是家人惹的祸啊。

老师赶紧给清雅妈妈打电话问原因，原来，清雅小时候唱歌确实不好听，家人每次在清雅唱歌的时候都会开玩笑说她五音不全。尽管现在清雅唱歌很好听，她却依然认定自己不适合唱歌，更从来不敢在别人面前唱歌。

得知情况后，老师对清雅妈妈说："作为父母，您对孩子的评价将会严重影响孩子的自我评价，尤其是在孩子小的时候，所以您一定不要轻易对孩子做出负面评价，毕竟孩子还在成长的过程中，可塑性很强，任何人都不应该对孩子妄下评断。不止唱歌这一个方面，希望您以后在每个方面都多多鼓励孩子，这样孩子才能有信心啊！"

老师的话让清雅妈妈恍然大悟，她深刻反省了自己。从那以后，她的家人再也不随意否定清雅了。

对于孩子的成长而言，信心无疑是最重要的养分，父母唯有多多肯定和赞扬孩子，才能帮助孩子形成正确的自我认知。很多父母都觉得孩子年纪小，对孩子说话总是抱着随意的态度，殊不知，孩子一旦在小时候对自己形成错误的认知，长大后是很难纠正过来的。所以，父母一定要帮助孩子建立自信，才能更好地引导孩子成长。那么从现在开始，用心夸赞你的女儿吧，让一切朝着你预想的方向发展！

第22招

引导女孩做出客观的自我评价

心理学认为，很多成人的自我认知出现偏差是从童年时期开始的。而这些人错误的自我认知，大多数都是因为幼儿年期父母的错误引导。作为父母，并非只是给予孩子生命，养育孩子成长，教育孩子认真学习，就能够称之为合格的父母。真正合格的父母还会时刻关注孩子心灵上的成长和完善，也会有意识地引导孩子进行客观的自我评价。唯有如此，孩子不管是在成长过程中，还是长大成人后，对自己都能有客观的认知和准确的评价。

女孩的心理要比男孩平均早两年成熟，而且心思敏感，感情细腻，所以有时候父母一句无心的话语，都会让女孩觉得备受伤害。在这种情况下，父母一定要谨言慎行，引导女孩做客观的自我评价。要想做到这一点，首先就要保证父母对于孩子的评价是客观的，而且是积极正向的。否则，女孩在受到否定后会觉得很沮丧，甚至对自己形成错误的认知，产生很多困惑，更严重的情况是女孩还会妄自菲薄，对自己丧失信心。也许父母一句话就能改变孩子的一生，这绝非危言耸听。因为很多自卑的成人对于自己成长过程中遭受到父母不公平的对待，都心有余悸。

当然，有时候孩子也会因为性格等各种原因，无法对自身做出积极有效的评价。在这种情况下，父母更应该引导孩子客观评价自己，告诉孩子他具有哪些优点，如何看待自身的缺点等，都是非常积极有效的方法。

青青是个肉嘟嘟的女孩，有点儿婴儿肥，小学时她还没有意识到自己胖，但是到了初中时，她突然产生了强烈的爱美心理，因此她很自卑。每次妈妈买的裙子，她都不愿意穿，总是说自己很胖，身材不好，穿裙子不好看。妈妈之前对青青的话不以为意，当青青因为自己胖而不愿意参加学校的文艺活动，甚至饮食上也拒绝肉类和主食时，妈妈才意识到问题的严重性，决定改变青青错误的自我认知。

有一天，妈妈在网上找了一则新闻给青青看。一个女孩因为过度减肥患上了厌食症和抑郁症，导致身体代谢紊乱，精神都有些失常了。青青有些惊愕地看着妈妈，因为她最近也在节食减肥呢！

妈妈笑着说："青青，妈妈觉得和身体健康相比，胖一点儿或者瘦一点儿并不是最重要的，况且你的体重指数在正常范围内，只是稍微有些丰满而已。丰满也是一种美，并非只有林黛玉那样的弱不禁风才是美呢！"

青青看完新闻很迷惘，不知道自己是该继续减肥，还是该终止减肥计划。这时妈妈说："当然，在保证营养的情况下适度控制饮食是可以的，诸如可以调整饮食结构，多吃蔬菜水果，适量吃肉和碳水化合物，这反而对身体健康有益。还可以多进行体育锻炼，对减肥很有效哦。不过凡事皆有度，我们要量力而行，不能丢了西瓜捡芝麻，你觉得呢？"

听到妈妈的话，青青如释重负，原来妈妈并非让她继续胡吃海喝，而是让她适度控制饮食，多进行体育锻炼，保证身体健康。

后来，妈妈更是有意识地让青青认识形体美的多样性，这样青青再也不会因为体重问题而感到自卑，过度减肥了。最终，青青成了一个积极向上、健康阳光的美丽女孩。

孩子再小，也有自己不为人知的小秘密和小心思，尤其是女孩，到了爱美的年纪，她们会羡慕明星的漂亮脸蛋、模特的魔鬼身材，也更加在意别人看待自己的目光，很容易因为自身无法改变的外在条件感到自卑。在这种情况下，作为父母一定要帮助孩子树立正确的审美观，帮助孩子认识到自己的优点，从而使孩子用客观认知评价自身。

案例中，妈妈及时洞察到了青青的错误审美观点，并采取恰当的方式帮助青青意识到略微丰满的身体同样很美，避免了青青过度减肥，从而影响青春期快速发育的身体。在抚育女孩成长的过程中，父母不但要照顾女孩的身体，更要关注女孩的心理状态，唯有身心均衡发展，女孩才能拥有美好的未来。

第23招

表扬女孩，要讲究尺度和艺术性

前文说过，作为父母一定要多多赞扬孩子，从而帮助孩子树立自信心，让孩子积极乐观地面对人生。然而，表扬也是有技巧的，过度泛滥的表扬往往会使孩子得意忘形，从而矫枉过正，使孩子从客观的自我认知和评价发展成盲目自信。表扬和批评一样，要讲究尺度和艺术。恰到好处的表扬才能使女孩得到鞭策和激励，信心十足地继续努力。

初一入学之初，晓雪的学习成绩一直很好，在班级中遥遥领先。每当晓雪拿着满分的成绩单向父母报喜的时候，父母总是不约而同地表扬晓雪："晓雪真聪明，这么难的试卷都能考满分，简直就是天才啊！"

渐渐地，晓雪也觉得自己非常聪明，因为包括爷爷奶奶和姥姥姥爷在内，全家人都认为她很聪明。

到了初中二年级，随着学习内容越来越深，晓雪的成绩开始下滑了。在家长会结束后，妈妈找到老师了解情况，老师无奈地说："晓雪初一的时候还好，但是最近越来越自负，总是认为自己非常聪明，就算不努力也能考好。可想而知，在这样的心态下她的成绩必然会下滑。随着年级升高，如果她的心态不能改变，情况会更加糟糕。"

听到老师的话，妈妈意识到家里人平时对晓雪的教育方式出了问题，回去后立马召开家庭会议，决定改变错误的教育方式。

的确，一个始终被全家人夸赞聪明的女孩，很可能就会不思进取，而不愿意付出更多的努力。作为父母，在表扬女孩的时候一定要注意表扬可能产生的后果，从不表扬和盲目表扬都是不可取的。

其实，很多教育学家都觉得夸赞孩子聪明是教育的大忌，唯有夸赞孩子勤奋才能让孩子继续努力，更加积极地对待学习。

倘若很多父母在表扬孩子的时候不假思索，不管孩子告诉他们自己在学校里表现多么好或者多么与众不同，他们都是一味地用"好好好""真棒""你很优秀，你太棒了"等措词。试想，同样的饭菜吃得时间久了，都会让人心生厌烦，更何况是家长同样敷衍了事的表扬呢！孩子有自己的感受和判断，如果父母的表扬完全是在应付，孩子是能感知到的，而且他们非但不会从父母的表扬中获得力量，反而会因为不被父母重视而感到失落。

表扬一定要具体且恳切，要根据孩子实际的表现进行表扬，让孩子感受到父母的表扬是发自内心的，也是充满赞许意味的。就像赞美成人时，赞美之词不能泛泛而谈一样，我们赞美孩子也要抓住细节，最好赞美孩子显而易见的优点和不为人知的特别之处。此外，赞美孩子时要真诚，千万不要口不对心。我们必须记住，唯有真正发自内心地尊重孩子，才能与孩子形成良好的关系，让孩子真正获得激励。

由此可见，赞扬对于孩子固然重要，但是一旦方式错误就会导致事与愿违。

第24招

鼓励女孩，及时肯定女孩的进步

孩子都把父母看得非常重。很多年幼的孩子也许还没有意识到要为自己的未来考虑，而只是希望得到父母的认可和赞赏。现实生活中，很多父母都喜欢把自己的孩子与更优秀的孩子进行比较，最终的结果只会导致孩子的自信心倍受打击，也无法在学习上取得更大的进步。

其实，父母之间也是有差距的，有些家长官高显贵，有些则勉力生活。同样的，每个孩子自身条件的不同，成长的轨迹也各不相同，因此没有相互攀比的必要。真正尊重孩子的父母会客观认识到孩子的与众不同，从而针对孩子自身的特点因材施教。

因此，当孩子在学习上有进步时，父母就应该予以鼓励。举个极端的例子，对于班级里考试倒数第一名的孩子，哪怕他进步到倒数第二名，他就是值得鼓励的。孩子的成长和进步都需要循序渐进，父母无论如何也不应该强求孩子的成绩即刻变得名列前茅。当父母摆正心态，真正为孩子每一个点滴的进步感到高兴，也能够做到及时鼓励孩子的时候，就会在无形中给予孩子极大的力量，支持他们不懈努力、奋勇前进。

一直以来，薇薇都很内向和自卑。这是因为父母总是否定她，凡事都采取包办的方式来教养她，使得她根本没有机会表现自己，而且她害怕一旦自作主张做了什么事情，又会被父母埋怨。渐渐地，薇薇就越来越没有自信了。

有一次，妈妈生病了，薇薇想给妈妈削个苹果，结果不小心划破了手，妈妈误以为她是在玩刀子，因而很生气。因为没有得到自己想要的肯定，薇薇后来再也不敢为妈妈做任何事情了。

在学习上，因为性格比较沉默寡言，薇薇上课时也很少回答问题。有次考试，薇薇考了班级第十五名，比之前提升了十名，不由得心花怒放，顿时对自己有了信心。不想妈妈得知后，却说："一次的进步并不能说明什么，你看看人家兰兰，每次都是班级前三名，你跟别人比还差得远着呢！所以你还需要继续努力，争取赶上兰兰。"

原本心情很好的薇薇突然觉得很沮丧，她暗暗地想道：既然我无论怎么努力都无法使妈妈满意，我为什么还要继续努力呢？

就这样，她不再因为自己的进步而感到兴奋，反而在学习上松懈了。很快，薇薇又退回到之前的名次了。

然而，妈妈并不知道，薇薇之前非常努力，但是她的努力并没有得到妈妈的认可，这使她失去了努力的动力。

假如案例中妈妈及时认可女儿的进步，懂得女儿脆弱的心灵需要精神上的抚慰与支撑，鼓励女儿再接再厉，那么薇薇的学习成绩就能逐步提高。哪怕每次只要比之前的自己进步一点点，只要假以时日，她也会取得预想的成绩。

在这个世界上，没有任何成功是一蹴而就的，也没有任何成就是从天而降的。每个人从出生时起就注定了拥有各自不同的特点，作为父母，我们要和孩子一起接受这个事实，一起脚踏实地稳步前进。任何时候优秀的父母都不会忽视孩子哪怕微小的进步，更不会放弃每一个鼓励孩子的机会。

第25招

适度对女孩进行物质奖励

　　很多父母都习惯于给予孩子物质奖励，以激励孩子在学习上有更好的表现。然而，随着教育专家提出反对意见，认为这样会使孩子误以为学习是为了从父母那里得到物质奖励，从而导致孩子的学习动机不纯。了解了真相之后，很多父母马上改变方式，不再随便给予孩子物质奖励了。这就从一个极端走向另一个极端——从来不给孩子任何物质奖励。其实，这种做法也是不可取的。

　　首先，孩子是没有赚钱能力的，他们没有办法像成人一样以劳动力换取生存所需的物质和金钱。从这个角度而言，孩子在物质获得上处于弱势地位，他们如果想要买玩具或者是其他东西，只能向父母索取。如果父母能够慷慨满足还好，如果父母不愿意花钱购买，那么孩子的愿望就没有办法满足。但是如果能够借助孩子表现优秀的机会，给予孩子一定的物质奖励，那么孩子就多了一个满足自己心愿的方式。因此，我们没有必要全盘否定物质奖励这个激励手段，而且有时候物质奖励会带来意想不到的教育效果。

　　当然，女孩喜欢的东西和男孩是不同的。很多男孩喜欢刀枪棍棒，喜欢汽车、飞机，但是女孩更喜欢毛绒玩具，喜欢漂亮的衣服，或者精致的装饰品。那么，父母在对女儿进行物质奖励的时候，一定要考虑到她的喜好。了解女儿的父母也许不用问，就能买到让她心仪的物品。如果父母不太了解女儿，最好的办法就是征求女儿的意见，以免买错物品，反而闹得不愉快。总而言之，物质奖励就是为了起到奖励和沟通感情的作用，只要能够达到这两个目的，就可以适当给她买一些物品。

自从听到教育专家说不要总是以物质奖励孩子之后，父母就彻底不再奖励小雅任何物质性的东西。不管是小雅在考试中取得好成绩，还是在课外有良好突出的表现，父母都只是给予口头奖励。

有的时候小雅试着问妈妈："妈妈，我可以要一个毛绒娃娃吗？"

妈妈总是斩钉截铁地一口回绝："不行，学习是你自己的事情，不是替我和爸爸学的，不能以此要奖励。"

就这样，小雅一次比一次努力学习，却一次又一次地与心仪的毛绒娃娃失之交臂。

渐渐地，小雅不再希望得到毛绒娃娃，虽然她依然努力学习，心中却少了很多期许。一次偶然的机会，妈妈听一位知名教育专家的讲座，才知道是可以适当对孩子进行物质奖励的。

想到小雅每次想得到毛绒娃娃的心愿都被拒绝，妈妈有些后悔和心疼，当天下午就去商场买了个超大号的毛绒娃娃。小雅拿到毛绒娃娃之后，高兴得欢呼起来。看到女儿这么迟才得到梦寐以求的快乐，妈妈觉得很内疚。

从此，她不再一味地拒绝小雅希望得到物质奖励的要求，而是把握好度，适当地给一些物质奖励，果然小雅变得更加快乐，对待学习也更加积极了。

如果一个小小的物质奖励就能让孩子感受到发自内心的快乐，那么孩子一定会从中得到激励，从而更加信心满满、充满力量地努力学习。遗憾的是，很多父母的做法无异于从一个极端走向了另一个极端，从泛滥地给孩子物质奖励发展到很少给孩子物质奖励，最终导致孩子缺失了这样简单的快乐。

养育孩子绝没有简单的公式可以套用，任何教育专家的话都有其特殊的背景和考量。正所谓"尽信书不如无书"，要想成为合格的父母，与其全昕教育专家的，不如把教育专家的话作为参考，根据孩子的实际情况有的放矢地开展教育。

第26招

不要动怒，引导女孩改变不当行为

孩子因为缺乏人生经验，也还没有形成完整而稳固的人生观、价值观和世界观，所以在成长的过程中难免会做出很多不当行为。很多父母一旦看到孩子犯错，或者做出不合时宜的行为，马上就会变得神经紧张，恨不得马上帮孩子纠正。还有些脾气急躁的父母会因此而暴怒。殊不知，这样的做法对于帮助孩子矫正不当行为毫无益处。正确的做法是控制自己的怒气，心平气和地帮助孩子纠正不当行为。

孩子都是有逆反心理的，有的时候我们越是强制孩子不能做某件事情，孩子反而越会产生强烈的冲动要去做。这就是强制孩子行为的恶果。但是如果我们能够使用引导或转移的方式，那么就能避免引发孩子的逆反心理，潜移默化地帮助孩子纠正行为，从而达到预期的效果。

最近，丝丝的表现和之前不太一样了。小学时期，丝丝从来不会要求妈妈给她买漂亮的衣服，有的时候还穿中性的衣服，打扮得像个男孩一样。但是进入初中没多久，她就开始想买漂亮的衣服，不但让妈妈给她买裙子，还要穿丝袜呢！

有段时间，丝丝看到路上有女孩穿高跟鞋，自己也要穿高跟鞋，这让妈妈很苦恼，毕竟丝丝是个学生，穿得太过成熟也不合适。但是想到现在孩子心理发育都很早，尤其是女孩更加早熟，所以妈妈并没有批评丝丝，而是决定帮助她转移注意力，让她把更多的时间和精力都用在学习上。

周末，妈妈带着丝丝去了书店。在书店里，妈妈为她推荐了几本世界名著。丝丝不知道妈妈的用意，问道："妈妈，我的作业很多，很少有时间看这些名著啊！"

妈妈笑了，说："丝丝，这些都是世界经典名著，是最好的精神养料，能够滋养人们的心灵。现在你才读初中，学习压力还没有那么大，所以应该多花些时间阅读名著。妈妈像你这么大的时候，每天都捧着书本如饥似渴地看。要知道，这些书比那些漂亮的衣服鞋帽更能够让你的心灵变得充实、美丽。"

丝丝很敏感，听到妈妈这么说，意识到自己这段时间过于喜欢打扮，而忽略了学习。所以她对妈妈说："妈妈，我明白您的意思了，放心吧，我会认真学习的。"

妈妈很聪明，面对丝丝过于追求打扮的行为，她隐晦地告诉丝丝要用书籍充实自己的心灵，让自己的心灵变得更加美丽。这样一来，丝丝一旦把精力放在学习上，内心变得充实了，自然会减少对外表的追求了。

相反，如果妈妈直白地命令丝丝不要关注外表，而要关注学习，那么丝丝出于叛逆心理，就会更加过分追求漂亮的服饰，而完全忘记自己学习这个主业。由此可见，采取引导和转移的方式，更能够帮助孩子及时改正不当行为，把注意力集中到恰当的行为上。此外，这样的和平演变也避免了伤害孩子脆弱的心灵和亲密的亲子关系，可谓最佳选择。

第27招

用启发式提问引导女孩思考

随着信息网络日益发达，孩子接受的信息也越来越多，孩子的提问也越来越难以解答。现代社会，成人被孩子问倒的现象很常见，因为有些孩子知道的甚至比大人还多。在这种情况下，父母要想引导孩子，就要掌握技巧。

对于孩子的奇怪问题，很多父母采取敷衍了事的态度，有些父母甚至会直接拒绝孩子，恼羞成怒地让孩子自己去思考。实际上，面对孩子提出的疑难问题，我们作为父母同样要正视自己能力有限这一事实。这样的话，当我们遇到难以回答的问题时，就不会觉得尴尬了。真正摆正心态之后，我们会发现，我们完全可以和孩子一起探讨难题，也可以在这个过程中多使用启发式提问，从而引导孩子自主思考。也许孩子思维敏捷不受局限，还会先于我们找到问题的答案呢！

周末，妈妈带着陌陌去野生动物园玩。陌陌看到很多从未见过的动物，于是一直在问妈妈各种各样的问题。对于常见的问题，妈妈当然能回答出来，但是对于不常见的问题，妈妈也无法回答。诸如陌陌问妈妈："妈妈，河马为什么叫河马呢？"

妈妈想了想，说："也许是因为河马在河里生活，长得又很像马吧！"这样一句很勉强的回答，显然无法让好奇心极强的陌陌感到满意。

看着陌陌皱着眉头的样子，妈妈又说："陌陌，你可以观察一下河马，想一想河马在河里是如何生活的呢？"陌陌显然被这个问题难倒了，因为马不能在水里呼吸。为此，她一直思考，最终说："河马是不是和鱼一样呢？"

妈妈没有直接回答，而是告诉陌陌："让我们一起来研究这个问题吧，我们可以认真观察，等到回家之后再查阅相关资料，因为关于这个问题，妈妈和你一样一无所知。"

在妈妈的启发和引导下，陌陌首先对河马进行了细致的观察，回家之后又查阅了资料，不但了解了河马的外形特点和生活习性，还写了一篇特别生动的作文呢！

假如妈妈对于陌陌的提问不以为意地敷衍了事，那么陌陌就会把关于河马的难题抛之脑后，更不可能写出一篇生动形象的作文。这就是启发式提问对于孩子的好处。

所谓启发式提问，就是要激励孩子继续思考，启发孩子拥有更多的疑问，从而帮助孩子打开思路。如果父母能够有意识地引导孩子进行深入思考，那么孩子就会养成认真思考的好习惯，而且在今后的成长过程中，还会通过认真细致的观察，发现更多大自然和生活的奥秘。

一般情况下，人们都认为女孩的思维没有男孩灵活，其实假如父母有意识地启发女孩的思维，帮助女孩养成发散性思维和深入思考问题的好习惯，女孩的思维同样也会变得更敏捷。

第28招

培养女孩独立自主的能力

大多数人都觉得女孩的独立性比男孩要差。其实不然，独立性并非完全由性别决定，父母的教养方式对孩子的独立性有很大的影响。比如，很多父母养育孩子时总是喜欢凡事代劳，唯恐把孩子照顾得不够周到，这样的孩子，无论男女，都很难学会独立。

前些年有报道，说大学新生因为不会铺床而坐着度过一整夜，也有大学生因为没有见过带壳的鸡蛋而不会剥蛋壳。这些荒谬的现象看似是孩子的问题，实际上是父母的教养方式出了问题。假如父母在养育孩子的过程中注重培养孩子的自理能力，那么就不会出现上述情况了。

现代社会，孩子是家庭的全部希望，也是全家人密切关注的对象。殊不知，把孩子的方方面面都照顾得无微不至，对于孩子而言并非是好事情，反而会阻碍孩子发展自理能力，导致孩子在未来的生活中成为"低能儿"。好好学习固然重要，但是只有学习能力是远远不够的。孩子不是学习的机器，他们最终都要走入社会，独立面对生活。从这个意义上而言，孩子的独立能力甚至比学习能力更为重要。所以父母在教养孩子的过程中，一定要避免把孩子养成高分低能的学习机器。

对于女孩的教育而言，传统的观点认为女孩不需要学习太好，也不需要拥有很强的生活能力，只要长大之后嫁个有钱人，就可以衣食无忧。然而，现代社会讲究男女平等，很多女孩长大成人之后不但要在社会上打拼，更要照顾好家庭，所以女孩只有拥有独立生存的能力，不需要依附于他人，才能让自己从容地应对生活。所以父母们，再也不要把女孩当成豌豆公主一样去养育。除了让女孩拥有良好的修养之外，更要培养女孩独立生存的能力。

倩倩是全家人的心肝宝贝，父母更是对她呵护备至，虽然她已经十岁了，但是却没有任何生活自理能力。她从未洗过衣服，也没有自己准备过简单的食物，就连上下学的书包也总是爷爷或者奶奶背着。偶尔去姥姥姥爷家，他们更是对她照顾得无微不至，还给她很多钱让她买玩具。

有段时间，奶奶和姥爷同时生病住院，并且住在不同的医院里。父母分身乏术，一个去照顾奶奶，一个去照顾姥爷，根本没法顾及倩倩。当时，倩倩正好放暑假，妈妈迫不得已，只好让倩倩自己留在家里写作业。每天早晨出门前，妈妈都会为倩倩准备好一天的食物。但是等到傍晚妈妈回到家里，倩倩却总是饿得前胸贴后背。

有一次，倩倩只是因为不会打开火腿肠的袋子，就少吃了一顿午饭。当妈妈问倩倩为什么不想办法用刀或者剪刀打开包装袋时，倩倩委屈地说："因为你们平时都不让我用刀和剪刀啊！"看到倩倩都已经十岁了，却被一个小小的火腿肠难住了，妈妈这才意识到问题的严重性。

后来，妈妈不再一味地宠着倩倩，而是在生活中抓住各种机会，有意识地培养倩倩的自理能力。一段时间之后，倩倩已经能够很好地照顾自己了。

每个人要想在社会上生存，都不能完全依赖于他人。任何孩子虽然在小的时候需要依赖父母，但是随着年岁增长，终究有一天要独立面对工作和生活。所以真正为了孩子好的父母，不会凡事都为孩子代劳，而是抓住各种机会培养孩子独立生活的能力，为孩子未来独立生活打好基础。这样一来，孩子虽然小的时候辛苦一些，但是掌握了生存技能的他们，在接下来的人生里必然能够生活得更加得心应手。

第29招

培养女孩解决问题的能力

人生在世不可能一帆风顺，每个人都会遇到各种各样不可预料的困难。因而不管是男孩还是女孩，都要具备解决问题的能力。有些父母对于女孩总是多一些偏爱，觉得女孩比较娇弱，就应该精心呵护，因而在培养女孩的过程中，他们总会情不自禁地对女孩降低要求。

实际上，这并非是对女孩好，反而是害了女孩。因为父母的疼爱和照顾并不能陪伴女孩度过一生，现代社会中，大多数女孩都要走出家庭，走入社会，将来还要与爱人一起支撑起整个家庭。因而，从小培养女孩解决问题的能力是非常重要的。

在养育女儿朵朵的过程中，妈妈不像大多数父母那样对女儿百依百顺，更没有凡事都帮她做好。例如，前段时间朵朵想吃西瓜，妈妈只是给了她半个西瓜，让她自己想办法吃。而其他妈妈都习惯了把西瓜去皮后再切成小块拿给孩子吃，显而易见，对于三岁的甜甜来说这半个西瓜是个大难题。然而，朵朵早就会用勺子了，妈妈的目的就是让她自己去拿勺子，从而顺利吃到西瓜。

果然，朵朵坐在那里想了足足有好几分钟，突然灵机一动，跑去厨房拿勺子。看着朵朵自己拿着勺子挖西瓜吃的可爱模样，妈妈觉得欣慰极了。

还有一次，朵朵和妈妈去逛公园。走着走着，朵朵的鞋带开了。朵朵求助似地看着妈妈,妈妈蹲下来说:"朵朵,你看好哦,先在鞋带两端打一个结,让两端各形成一个兔耳朵。然后让两个兔耳朵交叉,在结和兔子耳朵之间留一个开口,用另一只手把兔子耳朵的顶端送进开口。最后从另一边将兔子耳朵拉过开口,你看这样是不是就系好了?"

朵朵兴奋地说:"妈妈,我自己来试试。"说着就蹲了下去,在失败了几次之后,朵朵终于在妈妈的指导下自己系好了鞋带。

孩子解决问题的能力很多时候是后天培养来的。在教养孩子的过程中,父母一定要有意识地培养孩子解决问题的能力,这样孩子以后遇到难题的时候才不会束手无策。也许培养孩子解决问题的过程很艰难,但是唯有帮助孩子养成积极主动解决问题的好习惯,孩子在未来的学习和生活中才会受益匪浅。

当然,孩子的成长要遵循一定的规律,因此培养女孩解决问题的能力并不是一蹴而就的,也需要循序渐进。

首先,父母要帮助女孩端正态度,消除畏难情绪。很多女孩一遇到困难就退缩,还谈何解决问题呢?因此父母要让女孩养成知难而上的品质。

其次,父母要耐心地教导女孩,把自己成熟的人生经验和技能传授给女孩,当她们遇到前所未有的难题时,引导她们调用已有的知识和能力,一步一步攻克难题。

总而言之,父母要未雨绸缪,提前培养女孩解决困难的能力,使她们能够勇敢面对生活突如其来的困难。

当然,对于那些性格原本怯懦的女孩,不要一味地强迫女孩面对困难,而是要耐心地引导她们,帮助她们树立自信心。唯有如此,她们才能鼓起勇气,最大限度实现自我发展。

第30招

时刻倾听女孩的心声

在这个世界上，任何人都不可能脱离人群独立生存。一个人只有与他人合作，才能打破自身的局限性，从而为自己创造更好的生存环境。因此，每个人都需要与他人交流，要学会倾诉自己，也要学会倾听他人。

和成年女性一样，女孩也是需要倾诉的。女孩小的时候，生活中最重要的人就是父母，因而大多数女孩会很愿意和父母倾诉。当然，也不乏一些性格内向的女孩不愿意主动向父母倾诉，使得父母对她们缺乏了解。在这种情况下，作为父母就要学会主动搭起沟通的桥梁，打开女孩的心扉，倾听女孩的心声。只有充分了解女孩的心声，才能挖掘女孩的潜能，使她们成为更好的自己。

小菲的妈妈曾经是一位老师，她是个急脾气，说话语速非常快，尤其是在和姥姥聊天的时候。姥姥也是个说话很快的人，所以妈妈和姥姥聊天，小菲总是插不进去嘴。这样一来，小菲不止一次因为妈妈和姥姥聊天而急哭，因为她真的有话想说。

有一次，小菲在学校里作业的完成情况不太好，老师电话联系了妈妈。小菲刚刚回到家，妈妈就问小菲："小菲，今天的作业是怎么回事？为什么没有完成？"

小菲心里很紧张，说话吞吞吐吐的，她刚为自己辩解了两句，妈妈就急不可耐地发射连珠炮："我不管你是因为放学的时候没有听清楚作业内容，还是其他的原因，你作为一名学生，没有完成作业就是错的。你不要为自己狡辩了，为什么别人都知道作业是什么，就你不知道呢……"在妈妈连珠炮似的轰炸下，小菲委屈得哭了。

后来等到小菲和妈妈都平静下来，妈妈才知道原来小菲记作业的本子被同桌装到书包里了，所以她一时想不起作业是什么，不过她第二天一早去学校找回本子，已经在上课前补写了一大部分了。而且一整天的课间，她除了喝水、去卫生间之外，都在补作业，最终在放学之前写完了。

这时妈妈才意识到自己误解了女儿，又不免想道：孩子少写一次作业不是什么原则性的错误，何况事出有因。既然她已经认识到错误，自己当然不该这么批评和误解她，因而向小菲道了歉。

在这个案例中，妈妈和小菲之间的冲突是完全可以避免的，可惜妈妈是个急脾气，根本没有听完小菲的解释就爆发了。孩子毕竟是孩子，偶尔忘记一次作业并不是什么大事情，作为父母要给予孩子犯错的权利。更何况小菲的事完全是个误会，她自己也做了积极补救。

常言道，谁家孩子谁知道。有的时候，我们听到他人指责孩子不对时，也应该信任孩子，而不是在别人说了什么之后马上就不问缘由地批评孩子。我们只有通过直接和孩子交流，倾听孩子的心声，才能客观、准确地教育孩子，建立亲密无间的亲子关系。

总而言之，父母在教育女孩时，要给孩子倾诉的机会，不管是犯错或者是哪方面没有做好，父母都要先了解清楚事情和孩子内心的想法，才不至于委屈或误解孩子。

第四章

引导女孩主动学习，培养学习热情

如今，对于女孩的教育，家长不再认为"女子无才便是德"，而是主张"巾帼不让须眉"。的确，现代社会男女平等，女孩唯有更好地学习文化知识，读更多的书，才能充分发展自己、充实自己，才能与男孩平分秋色，更有能力掌管自己的人生。

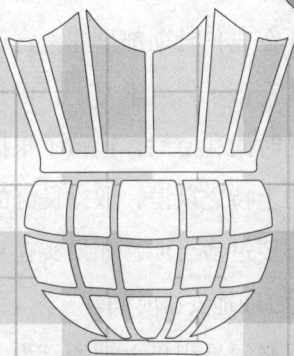

第31招

制订学习计划，培养孩子良好的学习习惯

如今，几乎每个有孩子的家长都把孩子的学习当作教育的头等大事，社会上各种各样的课后培训班、补习班也如同雨后春笋般层出不穷。父母们的担心都是一样的，怕孩子一旦输在起跑线上，就很可能在长大之后落后于人。所以很多家长全都铆足了劲，将孩子的课余时间都用来安排各种学习班和培训班了。实际上，孩子的学习是有一定规律可循的，父母要做的不是揠苗助长，而是要遵循和利用规律让孩子循序渐进地完成学习任务。

不管是男孩还是女孩，在成长时期都是非常贪玩的，而且自制力也不强。家长虽然不能把希望完全放在孩子自主学习上，但是也不能强制孩子学习，最好的方法是给予孩子一定的时间和空间，让孩子根据自身情况制订学习计划。唯有这样，孩子才能在学习上持之以恒，取得良好的效果。当然，在孩子制订学习计划的过程中，父母不要过多干涉，如果实在觉得孩子的计划不合理，也可以旁敲侧击地帮助孩子更合理地安排时间。

总而言之，孩子的学习必须是积极主动的行为，才能起到良好的效果，否则就会导致学习效率低下，孩子更无法在学习上取得进步。尤其是女孩，父母更要注意说教的方式、方法，要以引导为主，让女孩自发主动地学习，把学习当成一项快乐的、有成就感的活动。

思彤读初一了，一直以来妈妈对于她的学习都看得很紧，每天晚上都陪伴她写作业到十点多。渐渐地，妈妈也觉得身心俱疲了，毕竟她白天还要上班，晚上再陪思彤写作业，有点力不从心。思来想去，妈妈决定改变方式，从而解放自己和孩子。

咨询过教育专家之后，在暑假刚开始时，妈妈和思彤认真地交流了一番。妈妈问思彤："你喜欢妈妈陪你一起写作业吗？"

思彤摇摇头说："你总是忍不住要提醒我这个，提醒我那个，总是打乱我的解题思路，其实我已经长大了，不需要妈妈时时刻刻地陪伴了。"

思彤的回答正合妈妈的心意，妈妈接着说："嗯，我也意识到自己的错误了，也知道你需要自己的空间。要不这样吧，咱们这个暑假重点任务就是培养你自主学习的好习惯。要知道一个人如果想要自由，那么必须要具备自我约束能力。你能自觉完成学习任务，妈妈才能放手，你觉得呢？"思彤很赞同。

就这样，在妈妈的建议下，思彤开始制订暑期学习计划。当然，妈妈在此过程中也提出了很多宝贵的建议，思彤经过几番改进，终于把学习计划变得更加合理和完美。接下来的日子，妈妈当然还是要隔三岔五地提醒思彤按照学习进度表进行暑期安排，但是她再也不用时时刻刻都陪着思彤一起学习了。一个暑假过去，思彤养成了良好的学习习惯，妈妈也轻松了很多。

学习本身是孩子自己的事，现在的很多父母却把孩子的学习当成自己的事情，时时刻刻都陪着、盯着，导致孩子渐渐产生依赖心理或者反感情绪，甚至无法做到积极主动地学习。可想而知，这样的习惯对于孩子的学习和生活都是百害而无一利的，父母必须尽早改变。

因此，在教养女孩时，家长要学会和孩子一起制订学习计划，提醒孩子安排学习生活时的注意事项，能够让孩子更加积极主动地投入学习，渐渐养成良好的学习习惯。这样，既可以解放父母，也能够让孩子在学习上变得更自主独立。

第32招

告诉女孩答案，不如教她解决问题的方法

在生活中，孩子总是有各种各样稀奇古怪的问题，父母有时候会被弄得丈二和尚摸不着头脑。毕竟父母不是专业的老师，更不是百科词典，所以，对于孩子千奇百怪的提问，很多父母都觉得应付不来。有的家长经常简单粗暴地敷衍了事，对于不知道的问题，就直接拒绝回答孩子。对于知道的答案，就直截了当地告诉孩子，因为父母认为这是最节省时间和精力的方法。实际上，不管父母是否知道问题的答案，这样的解答方法都是失败的。

每个孩子都在睁大好奇的眼睛探究这个世界，而父母当然应该成为他们的指引者和领路人。不假思索就把答案告诉孩子，会使孩子养成依赖的坏习惯，久而久之，不管遇到什么问题都不愿意自己动脑思考。而直接拒绝回答孩子，那么孩子也会学习父母，不再愿意深入思考自己不懂的问题。渐渐地，孩子就会变得越来越懒惰和闭塞，还谈何进步呢？

正所谓"授人以鱼不如授人以渔"，因此我们要传授给孩子解决问题的方法，引导孩子积极思考，鼓励孩子自己寻找答案。这样的帮助胜过千百次直接告诉孩子问题的答案。

进入小学四年级以后，随着数学课程的知识越来越深入，翠翠难免会遇到很多解决不了的难题。刚开始时，翠翠每次遇到难题都会去找爸爸，爸爸也会

耐心地讲解，但是渐渐地，爸爸发现即使没什么难度的题目，翠翠也不愿意自己认真思考了。爸爸意识到翠翠对自己产生了依赖性，他进行了深刻的反省，觉得自己不应该直接把答案讲给翠翠听。

当翠翠再次捧着数学作业来找爸爸解答时，爸爸没有像以往一样直接告诉翠翠答案，而是说："翠翠，爸爸觉得你可以自己做出来这道应用题。"

翠翠很为难："但是，我真的不会做。"

爸爸说："这样吧，你先不要想着解题，而是把所有条件都列举出来。等到列举完条件，你再认真分析哪些条件是解题时能用到的，这样你就会有所发现的。"

翠翠虽然很不情愿，但是也只能按照爸爸说的去做。等到她列出所有条件后，爸爸又让她根据条件进行思考，并且尽量把想到的每一步都写出来。就这样，翠翠在做完这一切之后，已经快找到答案了。但她还是不愿意自己思考，爸爸说："如果你认真想了五分钟，还是不知道答案，那么我再讲给你听。"为了帮助翠翠成功解题，爸爸还给了翠翠简单的提示。

果然，翠翠只想了两分钟就想出了答案。她激动不已，觉得非常有成就感。

就这样，在爸爸的不断引导下，翠翠越来越喜欢独自解题带来的成就感和快乐。因而渐渐地不再过度依赖爸爸了。

与其帮助孩子解开每一道题，不如教给孩子解题的方法，这样当再次遇到同样的问题时，孩子就能举一反三，独自解决问题。否则，一旦孩子形成依赖性，学习上就会变得非常被动。

当孩子有了自己解决问题的经验，他们就会从中获得成就感，从而对学习更加充满激情，这对他们以后的学习生活都是有益处的。

第33招

激发女孩学习的内在动力

　　如今，很多父母为孩子的学习问题感到头疼，对于孩子的懒散，父母往往采取强制的方法要求孩子学习。殊不知，这样做，孩子可能表面上在学习，但是内心却会因为缺乏内在的动力而效率低下。要想让孩子积极主动地学习，保持学习的热情，就要激发孩子学习的动力。

　　现代社会提倡男女平等，不管是男孩还是女孩都要凭自己的真本领才能立足于社会。在这种情况下，很多父母为了让女孩未来生活得更好，对女孩的学习成绩尤其重视。

　　要想激发女孩学习的内在动力，就要让女孩养成主动学习的好习惯。当然，学习动力也是因人而异的。诸如有些女孩希望长大之后孝顺父母，那么就要以孝顺作为动力，告诉女孩唯有好好学习，将来有所成就，才能如愿以偿地孝顺父母；有些女孩梦想着出国看世界，那么这个愿景就能为女孩的学习提供超强的动力。

　　在《小别离》中，黄磊和海清饰演夫妻，他们的女儿一开始在学习上缺乏动力，目标也不够明确，所以学习效果很差。后来女孩突然动了出国的心思，想要离开父母独自生活，反而在最后阶段成功冲刺，以很好的成绩考入国外的知名大学。

　　可以说，任何外驱力都不如孩子内心深处的动力有力量。明智的父母如果想督促孩子学习，不会选择整日盯着孩子、强迫孩子，而是想办法激发孩子的学习动力。

一直以来，果果在学习上都很迷茫，她总觉得学习是为了整日盯着她的父母的，因而尽管父母急得如同火上墙，她却始终不急不躁，只想着怎么样才能偷懒玩耍。

有段时间，果果在北京的姑姑生了个小妹妹，果果在和爸爸妈妈、爷爷奶奶一起探望姑姑之后，突然就对北京产生了极大的热情。她说："我想去北京找小妹妹，还要去北京找姑姑。北京真大、真好，我也想去北京生活。"父母听到果果的话，不由得脑中灵光一闪，似乎找到了激励果果学习的好办法。

妈妈告诉果果："果果，姑姑的家就在北京，小妹妹从出生就在北京生活。不过咱们家却在小县城里，你要是将来想去北京生活，那就只能依靠自己的努力。"

果果问："我该怎么努力呢？我还小啊！"

妈妈接着说："正因为你还很小，所以你才有机会啊。姑姑之所以能去北京，也是因为她从很小的时候就开始努力。姑姑的学习成绩非常优秀，考上了北京大学，所以毕业后就顺理成章在北京安家落户了。如果你也和姑姑一样努力，你也会考上北京大学的，说不定以后还可以把咱们全家都接到北京和姑姑团聚呢！妈妈知道果果是个孝顺的孩子，果果一定会努力学习的，对不对？"

就这样，果果把考上北京大学当成了自己的人生目标，做梦都想着去北京生活。果不其然，有了如此强大的内驱力之后，她在学习上积极主动，表现也突出了。

上述案例中，父母原本不知道该如何激励和鞭策果果，直到姑姑生了孩子，果果去了北京之后对北京充满向往，父母才找到契机，从而成功找到激发果果学习的动力。有了学习动力以后，果果迸发出超强的能量，对待学习的态度也截然不同了。

　　鉴于此，在激发孩子的学习动力时，家长与其直接把自己的期望强加在孩子身上，倒不如引导孩子在心中描绘出自己向往的未来蓝图，从而一心一意、充满斗志地朝着目标前进。

第34招

引导女孩找到正确的学习方法

很多人都知道"南辕北辙"的故事，这个故事告诉我们，如果方向错了，哪怕拥有再多的有利条件，付出再多的努力，也只会导致结果事与愿违。其实，对待学习也是如此。作为父母哪怕对于孩子的学习感到非常着急，也不要漫无目的、如同没头苍蝇一样四处乱撞。要知道，学习除了需要明确的目标和正确的方向之外，还需要找到卓有成效的学习方法。

叶子是个乖巧的女孩，学习上也比较勤奋，而且很认真，但是她的学习成绩始终不上不下，没有明显的进步。对于叶子的学习情况，父母非常担忧，每次开完家长会，爸爸或者妈妈都会特意留下来找老师沟通，想要帮助叶子提高学习成绩。

在和老师几次沟通之后，他们最终得出一个结论，即叶子很勤奋，却没有掌握正确的学习方法，才导致努力却没有换来很好的成绩。后来，在老师的建议下，父母决定帮助叶子找到正确的学习方法。当然，前提是他们要了解叶子，知道叶子的学习情况。

在对叶子进行一段时间的细致观察之后，妈妈发现叶子的理解能力比较强，但逻辑思维能力较差，这也是叶子的语文成绩一直比数学成绩好的原因。妈妈为了帮助叶子解决这一问题，请了经验丰富的数学老师，希望能够培养叶子的数学思维。

此外，叶子也没有掌握科学的记忆方法，因而语文基础知识掌握情况也不是很好。妈妈便详细告诉叶子记忆的原理和记忆曲线，这样一来叶子就知道用什么方法才能记得更快、更牢。在妈妈和专业数学老师的指点下，叶子的逻辑思维能力渐渐增强，对于很多数学应用题的解答方法都已经熟悉于心，语文成绩也提高得很快。在学习成绩提高之后，叶子非常高兴，对学习也更有信心了。

孩子学习的过程是一个接收外界讯息和自身不断摸索的过程。案例中，为了帮助叶子更好地学习，父母针对叶子的自身情况，仔细研究，帮助叶子顺利找到符合自己特点的好方法，这样一来，叶子学起来自然事半功倍。毫无疑问，和很多父母狠抓孩子学习只会死死盯着相比，这种帮助孩子找到学习方法的方式，对于孩子的帮助更大。

当然，任何一种学习方法都不可能放之四海而皆准。要想帮助孩子找到合适的学习方法，父母首先要了解孩子的特点。所谓知己知彼，百战不殆，因此父母在教育女孩时，只有多了解女孩，女孩也充分了解自己，才能找到最佳的学习方法，最终帮助女孩在学习上取得显著的进步。

第35招

上课集中注意力，才能取得好成绩

很多孩子都存在注意力不集中的情况，原因有很多，除了年龄特点的限制，还有如孩子容易三心二意，对当下正在做的事情不感兴趣，或者是突然想起其他的事情等。

注意力不集中对于孩子的学习是有很大负面影响的。毕竟一节课只有四十五分钟，老师集中讲授知识点的时间也就二十分钟左右。孩子一旦注意力不集中，很容易就会错过老师讲授的知识点。如果是语文课还好，因为语文课程的知识点相对独立，错过了还能补回来。但如果是数学课，上一节课错过的知识点，往往会导致孩子下一节课听不懂，这样一来孩子自然会被错过的知识点拖住后腿，继而影响后续的学习。

艾艾已经到了上小学的年纪了，与幼儿园不同，小学教育主要以教授学科知识为重。为此，妈妈觉得很苦恼。因为艾艾在幼儿园时期就喜欢边玩边学，无法集中注意力去做好一件事。妈妈担心艾艾到了小学之后无法专心听讲，跟不上学习进度。

为此，妈妈决定在艾艾上小学之前着重培养她的专注力，于是给她制定了一些规矩。例如，在吃饭的时候不许看电视，在半个小时之内就要吃完饭；上厕所的时候不许带游戏机；一周玩两次拼图，不能拼到一半就丢到一旁等。在这些规定贯彻了两个月以后，艾艾的专注力果然提升了很多，妈妈也不用再担心她跟不上学习进度了。

研究发现，女孩比男孩的心理发育要早两年，所以人们通常认为女孩更容易集中注意力。当然，这也只是相对而言，其实女孩也会有注意力不集中的情况。为此，父母要从小着重培养女孩的专注力，帮助女孩集中注意力。一旦养成良好的学习习惯，女孩在学习上就会更加轻松，学习效率也会大大提高。

对于注意力不集中的女孩，父母可以把原本需要很长时间写完的作业划分成几个阶段，但是要求孩子在每个阶段都必须集中注意力。这样孩子就不会因为过度疲劳而导致注意力分散。此外，父母还可以引导孩子做一些需要集中注意力才能完成的事情，例如阅读书本画册，或者是完成拼图等，这些活动都能有效地锻炼孩子的专注力。

除了自身原因外，很多时候外界的干扰也会导致孩子注意力不集中，诸如有些父母在孩子专心写作业的时候大声喧哗，或者是看电视，孩子就会受到干扰，很难集中思考。还有的父母会在孩子写作业期间送零食或水果，无意中打断孩子的思考。当孩子在全身心地做某件事的时候，建议家长不要以任何理由打断孩子，否则将来孩子做事情就会变得三心二意，严重影响学习。

现代社会吸引孩子注意力的事情太多了，尤其是进入信息时代以来，精彩纷呈的外部世界对孩子充满了诱惑和干扰。所以父母一定要努力为孩子营造良好的学习环境，教孩子更加集中注意力，帮助孩子提高学习效率，取得更好的成绩。

第36招

提高女孩弱势科目，让各科学习均衡发展

上学期间，真正各门科目均衡发展的孩子只是少数，即大多数孩子都有偏科现象。相信家长都知道偏科的危害，所以大多数家长都非常重视孩子偏科的问题，也很想帮助孩子在各学科之间均衡发展。

和男孩相比，女孩更容易偏科，而且大多数都偏向于喜欢文科，这是因为女孩更擅长利用感性思维。当然，也有一部分女孩对理科情有独钟。这里要说的是，在考入大学之后当然可以术业有专攻，甚至在高中时期就有文理分科，但是在进入高中之前孩子还是要各学科全面发展，所以偏科绝不可取。

杨静是一名留守儿童。父母在她很小的时候就离开她的身边外出打工了，所以她一直跟着爷爷奶奶长大。这使得她的性格有些另类，而且不那么友善。进入初二之后，原本杨静喜欢的英语老师被调到其他年级任教，对于新调来的英语老师，杨静一点儿也不喜欢。渐渐地，她的英语成绩从中上等水平逐步下滑，一个学期过去，她的成绩退步了很多。远在外地的父母知道杨静的成绩波动很大，不由得着急起来。

为此，妈妈特意从外地赶回来，了解到杨静的学习情况后，纳闷地说："老师还需要你喜欢不喜欢吗？你只要学好你该学的知识就行了啊！"杨静不以为然地说："我不喜欢英语老师，不喜欢听他讲课，看见他就讨厌。"听到女儿的

论断，妈妈很无奈，但是肯定不能以此为借口去找学校换个老师吧，因而妈妈决定找一个合适的契机，改变杨静对英语老师的偏见。

正好下周要开家长会，妈妈向英语老师问了很多关于杨静的情况，英语老师与杨静的妈妈进行了深入的交流。回到家后，妈妈将英语老师对杨静的赞赏和期许转达给了她。杨静听了老师对她的评价之后，就没有那么排斥老师了。

随着对新英语老师的深入了解，杨静居然喜欢起这个老师来。最终，杨静的英语成绩提升了很多。

案例中杨静就是因为不喜欢英语老师而对英语课程产生了抵触心理。幸好妈妈及时找到了女儿偏科的原因，成功地帮她提升了英语成绩。要知道，孩子偏科有很多理由，最重要的不是孩子偏爱的是哪一科，而是要提升孩子不喜欢的那一门功课在孩子心目中的地位。

那么，如何引导女孩不偏科呢？首先，父母必须了解女孩偏科的原因。如果女孩是因为觉得某个学科枯燥乏味，那么就要引导女孩认识到学科有趣的地方。如果女孩是因为不喜欢某个学科的老师，那么父母就要引导女孩发现那个老师的优点和长处。通常孩子对于自己喜欢的老师教授的课程往往能够学得很好。因而当父母发现孩子有偏科的情况，引导孩子喜欢教授那门学科的老师，也不失为一个好方法。

总而言之，各位家长在面对女孩偏科的情况下不要过于着急，所谓解铃还须系铃人，任何时候我们只要了解女孩的内心，打开女孩的心结，就能让问题彻底得以解决。

第37招

培养女孩的爱好，不替孩子做决定

随着社会竞争的激烈演化，孩子的压力也变得越来越大。他们不仅要努力学习，还要身怀各种特长。形形色色的培训班、特长班层出不穷，诸如绘画班、钢琴班、舞蹈班、跆拳道班、武术班、篮球班、足球班等，都是父母倍加关注的对象。父母恨不得孩子如同古代的大家闺秀一样琴棋书画样样精通，而且还要比古代的大家闺秀掌握更多的现代兴趣与爱好。

毋庸置疑，如今很多本该属于孩子的幸福快乐的童年时光已经被各种各样的课程霸占了。在这种情况下，如果再强求孩子在兴趣方面面面俱到，无疑是强人所难。其实，所谓的兴趣与爱好，顾名思义应该是以孩子喜欢为主，父母不要舍本逐末、急功近利，将兴趣也变了味道。尤其是在教育孩子方面，因为性别差异，女孩的兴趣爱好往往与男孩不同，作为父母不要强迫女孩学习自己不喜欢的东西，而是要尊重女孩的意愿，按照她们的喜好给她们报名参加兴趣班。

苏苏是个很安静的女孩，她并不像很多个性鲜明的孩子一样总是有自己的主见，相反，她从小到大都听从父母的安排，很少有自己坚持非做不可的事情。为了培养苏苏的兴趣，父母做了很多尝试，诸如给苏苏报名参加绘画班、音乐班、舞蹈班等，但是都没有发现苏苏对其中某一项有特殊的偏爱。直到妈妈抱着尝试的态度，给苏苏报名参加了跆拳道兴趣班，苏苏突然表现出了浓厚的兴趣。在坚持练习了一段时间之后，苏苏对跆拳道的热情不减反增。就这样，父母找到了苏苏的兴趣所在。

虽然妈妈一直都希望苏苏能够坚持学习舞蹈，成为一个气质小美女，但是爸爸却说："她喜欢跆拳道，就不要勉强她学舞蹈。练习跆拳道也挺好，可以强身健体，还可以防身。"

就这样，苏苏开始按时按点地去上跆拳道的课，虽然每次上课都累得气喘吁吁，有的时候还会不小心受伤，但是她却一直乐此不疲地坚持着。等到初中毕业时，苏苏已经取得了很好的成绩，拿到了跆拳道黑带。

只有尊重孩子的兴趣，孩子才能在感兴趣的领域有所成就。案例中，爸爸尊重苏苏的兴趣爱好，妈妈也从谏如流，所以苏苏才得以继续练习跆拳道，并取得令人瞩目的成绩。

作为父母，千万不要人云亦云，盲目跟风，毕竟每个孩子的情况都是不一样的，所以只有针对孩子的个性特点有的放矢，才能引导孩子找到自己的兴趣，得到更好的发展。

如果孩子在某个方面独具天赋，一般都会在那个方面表现出浓厚的兴趣。但是如果孩子并没有特殊的天赋，那么孩子的兴趣就很难把握。当然，兴趣并非完全是天生的，也可以是后天培养出来的。如果父母关注孩子的成长，有意识地培养孩子的兴趣爱好，那么孩子就会更加明确自己的喜好并将其发展得很好。

第38招

正确看待考试分数，别把功利心带给女孩

对于学生而言，学习成绩是自己学习能力的一个显性证明。对于大部分普通家庭来说，高考现在依然是座独木桥，只有挤过这条独木桥，考出高分，孩子才有可能会有好的前途。因此，分数很重要，这一点毋庸置疑。的确，有些时候好成绩意味着好机会，孩子唯有成绩突出才有更大的可能接受更高等的教育。但是，家长还要告诉孩子，学习的目的绝不仅限于考试考高分。

如果父母对于分数看得太重，就会导致孩子功利心很强，致使孩子对学习的理解出现偏差。作为父母，我们需要正确看待分数，才能以平常心对待孩子的学习，从而帮助孩子端正学习态度，远离功利心，知道学习是为了增长见识，提高个人综合能力和素质，从而实现个人价值和社会价值，圆满自己的人生。

慕慕是一名正读初中的女孩，在父母的耳濡目染下，她心里始终想着要努力学习，考取高分。也许是因为对分数的渴望太强烈了，她甚至想要不择手段地获取高分数。

有一次，在期中考试中，因为提前被妈妈三令五申一定要考好，慕慕居然动起了小心思，在考试的时候利用提前写在胳膊上的小抄作弊。但是，监考老师经验丰富，看到慕慕做贼心虚的样子，当即把她抓了个现行。面对这么严肃

的问题，老师必然会通报家长。

在接受老师的批评和教育后，慕慕回到家里又开始接受父母的严厉批评。令父母没想到的是，慕慕却委屈地说："你们不是天天让我考高分吗？我也是为了满足你们的心愿才这么做的。"

妈妈听了慕慕的话，气急败坏地说："我让你考高分，是让你凭着真才实学考高分，没有让你用这种手段啊！"

慕慕不以为然："只要考高分就行了，要是高考的时候我能想办法提高分数，你们就偷着乐吧！"

妈妈伤心地说："慕慕，妈妈宁愿你学习不好，也不愿意你品行上出现问题。你一定要踏实本分，人生是掺不了假的。"

在妈妈苦口婆心的教育下，慕慕终于认识到问题的严重性，表示再也不作弊了。

其实，慕慕就是犯了急功近利的毛病，她是因为父母整日把分数挂在嘴边，所以才动了歪心思。孩子小的时候思维和判断能力都很弱，他们有的时候会因为父母对分数的执着走入误区，想要投机取巧走捷径。所以父母一定要端正态度，不要不顾一切地要求孩子追求高分数。

分数固然重要，更重要的是让孩子具备优秀的品质。所谓先做人，后做事。孩子小的时候如果为了分数不择手段，长大后同样会为了各种目的而放弃做人的原则。在教育孩子的过程中，父母要给孩子树立良好的榜样，营造一个健康快乐的成长环境，才能帮助孩子远离急功近利的心态。

第39招

帮助女孩减压，让学习成为一件轻松的事

现代社会不仅成人要面对巨大的生存压力，就连孩子在学习上也倍感压力。一则是因为成人把殷切的期望寄托在孩子身上；二则是因为孩子本身学习任务就很繁重。在这种情况下，明智的父母不会继续为孩子施加压力，而是会想办法为孩子减轻压力，从而使孩子轻松面对学习。毕竟学习是一个漫长的过程，需要长期坚持，唯有拥有良好的心态，孩子才能坚持不懈，最终取得成就。

由于女孩承受压力的能力相对较弱，因而父母在教养女孩的过程中，在对女孩寄予期望的同时，又要采取适当的方式引导女孩释放压力，帮助女孩把学习的过程变得轻松一些。这样一来，孩子才会更加积极主动地学习。

临近中考，冉冉的学习压力更大了。她晚上经常睡不着觉，后来爸爸带着她去医院看心理医生，医生诊断冉冉患了神经衰弱。照这种情况来看，冉冉显然很难继续坚持到中考，为此爸爸和妈妈商议不再给冉冉施加压力，而是设法帮其减轻压力。

每到周末，父母都会带着冉冉去郊外游玩，他们或者在草地上野餐，或者一起去泡温泉。平日里，父母只要求冉冉完成学校里的学业，并没有给冉冉安排额外的学习任务。这段时间冉冉过得非常开心。

渐渐地，冉冉的精神越来越放松，夜晚的睡眠障碍也慢慢好转。就这样，冉冉虽然心情放松了，但是她的成绩非但没有下滑，反而还有所提升。

当女孩自己对于学习感到很紧张时，父母要做的不是给她们施加更大的压力，而是帮助她们减轻学习压力，缓解精神紧张，从而让孩子卸下心理的包袱。唯有如此，女孩在学习上才能效率倍增，事半功倍。

给女孩减压的方式有很多。如果女孩原本对于学习就比较积极主动，也懂事乖巧，那么就要给女孩更多自由的空间，让女孩主动安排自己的学习与生活。这种自主的感觉，也会使女孩变得更加自信。

同时，父母也可以根据女孩的兴趣爱好帮助她们放松。如果女孩喜欢看电影，那么学习的闲暇里带她去看看电影；如果女孩喜欢音乐，那么偶尔一起去听一场音乐会。

总而言之，学习是循序渐进的过程，需要不断坚持，唯有劳逸结合、张弛有度，孩子才能从学习中感受到快乐。

第40招

激励女孩学习，与她们一起编织梦想

人总是要有梦想的，有梦想的人才会对未来有更多美好的憧憬，人生才会更加充满希望。当然，对于孩子来说，因为年龄小，人生阅历也很少，所以他们总是会因为各种各样的原因感到迷惘和困惑，对未来也只有一些朦胧的期望。

就像很多销售团队中的管理者，如果想要激励团队成员进步，就要带着团队成员憧憬未来一样，父母如果想激励孩子进步，就要引导他们一起编织梦想，在他们心中描绘美好的未来蓝图和瑰丽的人生之梦。这将在无形之中使得孩子有了学习的动力，对人生充满勇气和力量，更能够积极面对生活中的艰难困苦，坚持不懈地努力，最终赢得美好的未来。

对于未来，悄悄总是感到很迷惘。她是一个普通的女孩，再加上家境一般，父母都是普通的工薪阶层，所以她对于自己的人生不抱什么希望，甚至毫无规划。然而，父母把一切殷切的期望都寄托在她的身上，所以她感到压力倍增，内心更加困惑。

悄悄失去了反向，不知道自己应该如何努力。每当父母说："悄悄，你要努力考上大学啊，这样才能改变命运。"悄悄总是说："你们这样不也过了一辈子吗，为什么要苛求我做出改变呢？"

每当这时，父母总是哑口无言，为自己没有给悄悄提供更好的生活条件而感到内疚。然而，任由悄悄这样继续迷惘下去也是不行的，思来想去，父母特意咨询了心理专家和教育专家，终于想出了一个好办法。

在后来的日子里，父母经常不动声色地帮助悄悄编织梦想，诸如他们会在悄悄面前说如果悄悄考上大学，去大城市生活，未来将会如何如何。他们甚至还拿出辛苦积攒的积蓄，专程带着悄悄去了北京、上海等大城市参观当地的名牌大学，只为了让悄悄的梦想变得更加具体，值得憧憬和行动。

就这样，悄悄改变了，她不再对自己的未来抱着无所谓的态度，而是很努力地学习。她也想通对自己的努力改变命运，而不是将来做一个碌碌无为的人。

很多孩子没有梦想，就像很多成人哪怕年纪很大了，也依然对于人生感到迷惘一样。明智的父母为了激励孩子会想方设法地为孩子编织梦想，甚至还会像案例中悄悄的父母一样，不惜耗费人力财力，带着悄悄一起见识大城市的精彩，见识大学校园的美好。这样一来，孩子的梦想会变得真实具体、触手可及，孩子怎能不受激励呢？

毫无疑问，梦想对于一个人的人生有强烈的促进和激励的作用。因此，作为父母，如果能够尽早帮助孩子找到人生的理想，规划人生的宏图，那么孩子的努力就有了方向，学习起来就会充满斗志。

第五章

帮助女孩融入群体，提高社交能力

生活在这个世界上，每个人都是集体中的一员，都无法脱离他人独立存活。孩子虽然小时候都是在父母的翼护下长大的，但是一旦步入社会，也同样需要与他人进行交往，从而融入群体之中，让自己成为真正意义上的社会人。由此可见，对于女孩而言，社交能力也是非常重要的。

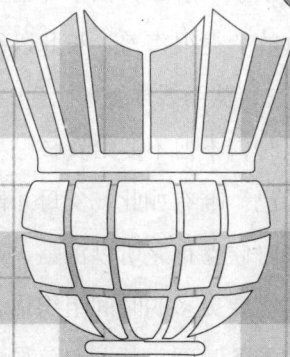

第41招

别给女孩贴害羞的标签

如今大部分父母都知道不能随便给孩子贴标签，否则就会让孩子形成错误的心理认知，导致孩子无法健康成长。其实，相对于男孩来讲，女孩往往更加敏感，因而她们的心思也常常更容易受一些小事牵动。尤其是对于性格内向的女孩而言，父母更要谨言慎行，千万不要随意给女孩贴害羞的标签。

很多父母看到孩子不爱说话，喜欢安静，逢人就会介绍说自己的孩子非常害羞。实际上，这看似是在给孩子解围，孩子却会为了让自己与父母的评价一致而变得更加封闭内向，真的变得很害羞。长此以往，孩子必然会因为错误的自我认知，无法真正进行社交，从而很难融入社会。

作为父母，在教育女孩时，不但不要给女孩贴上害羞的标签，而且要给她更多机会和人交流，表现自己。唯有如此，父母才能看到女孩在社交场合如同花一般绽放。实际上，很多时候女孩之所以沉默，并非因为害羞，很有可能是因为不知道如何表达自己，需要更多的时间组织语言。所以父母对女孩要有充足的耐心，给予女孩足够的准备时间，帮助女孩尽情释放自我，养成乐观开朗的性格。

小小是个非常胆小的孩子，这是因为从小爸爸就在外地工作，与她接触很少，她是在妈妈无微不至的照顾下长大的。小小很内向，也很容易害羞，有的时候家里来了客人，她都会如同受了惊吓的小兔子一样，恨不得找个地方躲起来。

有一次，妈妈带着小小去参加同事聚会，原本是想帮助小小锻炼胆量，让她和叔叔阿姨们交谈几句，但是没想到小小看到这么多人，一句话不敢说，一个劲儿地往妈妈身后躲。

看到其他同事家的那些比小小年纪更小的孩子都落落大方，妈妈不由得很尴尬，因而向同事解释："这个丫头从小跟着我长大，见人少，特别害羞。"

在妈妈的解释下，原本跃跃欲试想和小朋友们一起玩的小小，变得更加胆小了，只好一直待在妈妈的身边。

就这样，整场聚会下来小小一直表现得胆怯害羞，完全印证了妈妈说的话。

显而易见，妈妈的评价限制了小小，使原本想要变得大方一些的她不得不符合妈妈的评价。这就是标签的负面作用，它就像囚牢，很容易禁锢孩子，使孩子无法随心所欲地展现自己。父母唯有摆正心态，接纳孩子的性格特质，引导孩子积极主动地社交，才能给予孩子更好的成长氛围。

作为父母如果想鼓励孩子勇敢表达自己，与其给孩子贴标签，不如尽量帮助孩子提升自己的能力，弥补自己的不足。哪怕孩子真的性格特质，引导孩子积极主动社交，我们也要帮助他打开心扉，让他慢慢学会与人相处，落落大方地面对人与事。毕竟，在成长的道路上，快乐自信的孩子才更受欢迎。

第42招

帮助女孩战胜社交恐惧

不管是成人还是孩子，都需要在社会中生活，需要与他人交流合作才能拥有更出众的社交能力。然而，有些女孩，尤其是性格内向的女孩，容易被社交恐惧所捆绑，导致不敢与家人以外的其他人交流。为了让女孩能够成为社交达人，或者至少能够进行正常的社交活动，父母应该从小培养女孩的社交能力，帮助女孩战胜社交恐惧。

那么，社交恐惧症有何表现呢？有社交恐惧的成人往往害怕与人交往，不喜欢与他人交流，甚至畏惧他人。孩子也一样，很多年幼的孩子无法正确理解自己内心的想法，但是会本能地出现排斥和抗拒他人的举动。

比如，有些孩子进入幼儿园之后，总是一个人呆坐一整天，不愿意和其他孩子交流。其实，了解孩子心理的人会知道，孩子此刻正在经受社交恐惧的煎熬。这是因为孩子还小，不能清楚地表达自己的内心，但是作为他们的监护人，父母应该体察到他们的心理状态，想办法帮助他们战胜心中的阻碍，迈出与他人沟通交流的第一步。

莉莉是个内向的小女孩，她从小就很胆小，也很害羞，从来不敢与陌生人说话，家里来客人时，她总是躲在房间里不愿意出来见人。原本父母对莉莉对于社交的排斥和抗拒不以为意。然而，随着莉莉逐渐长大，进入小学，老师几次三番地向莉莉的父母反映说莉莉在班级里从来不和同学打交道，非常孤僻，父母这才意识到莉莉的心理状况出了问题，终于开始重视起来。

随着对莉莉进行了深入的了解，父母发现她对于社交有着深深的恐惧感。她不敢面对陌生人，因为她小时候总是被长辈叮嘱，所以养成了不和陌生人说话的习惯。对于熟悉的同学朋友，她也不愿意过多接触，因为她不知道自己该说些什么，也害怕受到伤害。然而，孤僻的莉莉内心真的会因为独处而感到快乐吗？其实每次看到其他同学在一起玩耍时，莉莉也很羡慕，但是她不敢直接要求加入，因为她害怕被拒绝。

了解莉莉的情况之后，妈妈有意识地引导莉莉战胜内心的恐惧，勇敢地与他人交往。妈妈先是带着莉莉走亲访友，拜访同事等。这样一来，莉莉就有机会和别人家的小朋友接触了。

渐渐地，莉莉从排斥其他小朋友，到与小朋友一起玩耍，简单地交流，进步非常大。妈妈又带着莉莉主动向陌生人问路，让莉莉在大街上和人交流。就这样，经过长期的努力，莉莉的社交能力终于得到了提高。

面对胆小内向的孩子，父母当然希望他变得不卑不亢，落落大方。案例中莉莉妈妈的做法就很值得学习，逐渐增强难度，循序渐进，一步步提高女孩面对他人的勇气和信心，效果很好。然而，凡事欲速则不达，孩子要想成为社交达人并非一日之功。

要想培养女孩的社交能力，首先，要让孩子战胜心中的恐惧，搬开社交恐惧的拦路石。其次，父母就要像游戏升级打怪一样，分步骤地带领孩子走出自己的小空间，面对更加广阔的世界。

第43招

教给女孩一些基本的社交礼仪

人与人相处，礼节是不可忽略的。自古以来，人们形容有涵养、家境优渥的女孩为"大家闺秀"，这个词语不仅仅是形容女孩美丽、漂亮，更是形容女孩的言行举止符合礼仪标准，因而让人欣赏和钦佩。

生活在现代社会，女孩更要懂得待人接物有礼有节，这样才能在与他人相处时赢得他人的尊重和认可，成为一个受欢迎的人。懂社交礼仪不但对于女孩的社交起到推动作用，直到女孩长大成人，步入社会，也会使她受益匪浅。

洛洛已经是初中生了，但是因为从小娇生惯养，所以还像小孩子一样，不管什么事情都不上心，在与亲戚朋友相处时更是缺乏礼貌。

有一次，姥姥姥爷从老家赶到市区看外孙女，还带来很多好吃的。中午，洛洛一进门就看到姥姥姥爷的大包小包，又看到姥姥姥爷正坐在沙发上，但是她什么话都没说，转身进了自己的房间去学习了。

虽说学习是正事，但是问候姥姥姥爷总是该做的，为此妈妈说："这孩子被我惯坏了，您二老别见怪啊！"

姥姥姥爷异口同声地说："没关系的，学习要紧，学习要紧，洛洛是个爱学习的好孩子。"

中午，妈妈做了姥姥姥爷从老家带来的虾酱。这是老家海边的特产，但是洛洛闻了闻说："这是什么味道啊？真难闻，真臭。"

姥姥笑了笑，赶忙说："洛洛，你妈妈小时候最爱吃虾酱卷煎饼，你也尝尝，可香了呢！"

洛洛一撇嘴，不以为然地说："我才不吃呢，臭臭的。"

洛洛话音刚落，妈妈气愤地将筷子掷在桌子上，用严厉的目光盯着洛洛，洛洛顿时委屈得大哭起来。这顿饭不欢而散，姥姥姥爷也于当天下午就赶回老家了。

姥姥姥爷走后，妈妈语重心长地对洛洛说："姥姥姥爷那么大年纪了还惦记咱们，不远百里来看我们。你就算不爱吃他们带来的东西，也不能当着他们的面嫌弃啊，一点儿礼貌都没有。"

见洛洛不语，妈妈接着说："你放学回来看到姥姥姥爷，难道连问好的时间都没有吗？写作业真的有那么着急，一分一秒都不能耽误吗？"

妈妈的话使洛洛羞愧不已，但是妈妈也开始深刻反省自己：可能是自己平日里太惯着洛洛了，所以她才会这么没有礼貌的。

孩子是父母的一面镜子，能够折射出父母平日里是如何为人处事的。作为父母，要是想让孩子有礼貌、懂礼仪，日常生活中自己就要以身作则，才能在潜移默化中教养出懂礼貌的好孩子。当然，凡事都要循序渐进，教养孩子更是如此。父母培养孩子的礼仪应该从小事抓起，认真且有耐心，帮助孩子养成良好的礼仪习惯。

父母在教养女孩的过程中一定要意识到，一个讨人喜欢的女孩可以不漂亮，但一定是彬彬有礼的，不管做什么事情都张弛有度。不过，现代社会讲究平等，女性不再依赖于家世的显赫而得名，而是要从提升自身的素质与涵养入手，从而让自己变得更加有气质、有涵养、有礼貌。这样，在社交场合中才不会因为不懂礼仪遭人嘲笑，也不会因此降低自己的身价。这样一来，就要求父母要教给女孩一些基本的社交礼仪。

在基本的社交礼仪中，学会尊重人是首要的。教会女孩社交礼仪，不但能让女孩学会尊重他人，也能让她得到别人的尊重。在这样互相尊重的氛围里，女孩在做任何事情时都能够做到游刃有余。

那么，具体的社交礼仪包括哪些呢？其实，书店里关于礼仪修养的书很多，网络上也有大量的相关资料。父母完全可以参考已有的资料，在日常生活中身体力行地对孩子进行教导和纠正，从而培养出优雅端庄的社交小达人。

第44招

鼓励女孩建立自己的朋友圈

所谓物以类聚，人以群分，脾气秉性相似的人们往往喜欢聚集在一起，彼此分享快乐，分担忧愁，相互扶持和帮衬，这就是圈子。比如，教师有教师的圈子，在他们的圈子里，认识的大多是教育系统里的人，因而在教育圈子里可以丰富人脉；商人有自己的生意圈，里面有很多消息灵通的人，进入这个圈子很容易就能得到很多有效信息。孩子同样如此，他们喜欢与兴趣相似的小伙伴一起玩耍，度过快乐的童年。

如今这个时代，孩子接受的信息越来越多，心理发育也越来越早熟，感情需求也随之增长。在这种情况下，如果孩子总是独来独往，难免会因为孤独寂寞而变得郁郁寡欢。尤其是成长中的女孩，她们更加需要和同龄人倾诉，才能疏导自己内心的疑虑和迷茫。因而，作为父母应该鼓励女孩建立自己的朋友圈。就像很多女性朋友都有闺密一样，女孩也应该拥有几个知心朋友，共同分享、互相交流，才能拥有一段难忘的童年岁月。

燕子已经十六岁了，是个正值花季的少女。她正在读高一，按理说这个年纪的女孩应该有几个知心好友，不管是学习还是玩耍都在一起，感受朋友带来的快乐。但是，燕子偏偏喜欢独来独往，很少和班级里的同学相处。

看到燕子的情况，妈妈很是担忧，回想自己十几岁的时候和同班的女孩一起快乐玩耍的情景，不由得因为女儿没有享受过这样的快乐而感到遗憾。

一天，妈妈问燕子："燕子，你最好的朋友是谁？"燕子很认真地想了想，说："我和方方、小玉他们关系都差不多，没有特别好的朋友。"

妈妈笑了笑，说："那么，你有了心事或者烦恼会向她们倾诉吗？"

燕子摇摇头，说："不会，我害怕她们不能为我保守秘密。"

妈妈又说："其实，你可以尝试着信任她们。当你把自己的心里话告诉她们时，你会发现她们也会变得更信任你，也愿意向你敞开心扉。我知道你有很多话并不想和妈妈说，如果你能和她们说，就会变得更快乐。她们也许会变得像你的亲姐妹一样，这种情谊是女孩生命中不可缺少的一部分。试一下，好吗？"

在妈妈的鼓励下，燕子果然尝试着和几个女同学交换秘密。她们之间的关系的确如同妈妈所说的一样，变得更亲密了。燕子也理解了妈妈所说的友谊，感受到友谊的魅力了。

每个人都需要朋友，朋友不但能够在危难时刻帮助我们，还在我们需要倾诉的时候，作为衷心的倾听者，提供可以依靠的肩膀，给我们带来最简单纯粹的关心。在青春懵懂时期，在青涩的青春岁月中，同性的友谊是不可取代的，这份感情会陪伴我们走过人生之中的很多美好与艰难时光。

在教育女孩时，父母要明白女孩心思细腻敏感，随着年纪增长，她们又不可能什么事情都告诉父母。在这种情况下，父母应该鼓励女孩建立自己的朋友圈，高兴的时候和朋友一起分享，伤心的时候也可以无所顾忌地向朋友倾诉。这样一来，女孩就会变得更加阳光快乐，成长中的寂寞和无助感也会被驱散。

第45招

孩子的交际问题，让孩子自己处理

很多父母对待孩子，尤其是对待他们认为比较娇弱、需要保护的女孩，就像鸡妈妈保护小鸡一样，将孩子牢牢地保护在自己的羽翼之下，根本不给孩子任何独立的机会。可是，哪怕孩子从小是父母的心头肉，他们终究也是要长大的。迟早有一天他们会离开父母的保护，独自面对生活。因而目光长远的父母不会不顾一切地保护孩子，而是会有意识地放手，培养孩子的社交能力，从而让她变得更加自立自强。

当孩子走出家庭，开始与其他小伙伴玩耍的那一刻，他们也就成为社会中的一员，开始拥有自己的社交生活。当孩子与其他同学、朋友发生矛盾或者争执时，有些父母总是不容分说地冲上前去，护着自己的孩子。这种做法显然是不明智的。孩子的社交问题，最好由孩子自己处理。

作为"4-2-1"式家庭结构的独苗，喵喵从小就得到全家人无微不至的爱与照顾。她从小就养成了衣来伸手、饭来张口的习惯，而且每次与小朋友玩耍发生争执时，也总是家里的长辈出面为她解决问题。渐渐地，喵喵变得越来越懦弱，哪怕受到别人欺负，除了哭泣什么都不会做。

有一次，喵喵在学校里和同桌发生争执，回到家哭着向妈妈告状，说再也不想和那个同学做同桌了。为此，妈妈第二天连班都没上，特意去找老师要求给喵喵调换座位。

老师听完妈妈的诉说显然有些为难，说："喵喵妈妈，喵喵和同桌之间只是无关紧要的小摩擦，不用调换座位的。孩子之间有矛盾是正常的，也许很快就会过去。我认为咱们先不要急于介入，毕竟孩子在成长的过程中还会遇到很多类似的情况，一味地逃避是不行的。必须让他们学会自己面对困难、解决问题，他们才能长大。"

虽然妈妈还是很担忧，但是老师坚持给喵喵一段时间让她自己解决问题。

果然，当天晚上喵喵放学回家后，妈妈问起喵喵和同桌的相处情况时，喵喵笑着说她已经和同桌和好了。妈妈这才如释重负，也意识到老师说的话是正确的。

从此以后，妈妈也开始学着放手，让喵喵自己处理与同学之间的相处问题了。

孩子既然有自己的社交圈，就应该让他们自己面对与人相处的问题。对于孩子之间的矛盾和纠纷，如非必要，父母不应该过多干涉，否则孩子之间的秩序和规则就会被打乱。通常情况下，孩子之间的矛盾远没有父母想象的那么严重，他们有属于自己的交流方式和解决方案。

父母要相信孩子能够很好地解决问题，这样孩子才会在父母的信任中不断进步，最终成为社交达人。在这一点上，养育女孩更需如此。

第46招

办个生日Party，为女孩创建社交场所

和外向的女孩相比，内向女孩的社交更需要家长关注。对于天生内向、不善社交的女孩，父母更应该想出合理的办法给她们提供更多的社交机会，从而提升她们的社交能力。

也许有些父母觉得这很难，其实只要思路对了，就有很多方法可供选择。比如，父母可以带着女孩走亲访友，到户外活动等，这样女孩就有机会参与到集体中去，也可以与更多陌生人接触。

为了给女孩提供适宜的社交场所，父母还可以借着孩子过生日的机会，为她举办生日聚会，这样女孩不仅是小寿星，还是小主人，在尽力照顾好每一个人的同时也锻炼了自己的社交能力，可谓一举两得。当女孩在班级里与其他同学关系一般时，当父母为女孩举办生日聚会时，邀请大多数同学甚至是全班同学参加，还能加深女孩与同学的交流与感情，帮助女孩经营好人际关系。总而言之，只要父母处处留心，就能为女孩提供更多的社交机会和社交场所，她的社交能力就会迅速得到提升。

李雪是个安静的女孩，性格有点内向，平日里不太喜欢和同学们玩耍。看到女儿如此孤僻，父母有些担心。李雪马上就要过十岁的生日了，所以父母决定给李雪举办一个生日聚会，邀请全班同学参加，让孩子们都好好玩乐一番，

这样李雪和其他同学的关系也能变得亲近一些。

父母精心挑选了一家饭店，因为来参加的都是孩子，所以他们还特意请酒店准备了一些供孩子玩的游乐设施。果然，这次生日聚会举办得很成功，来参加的同学不但给李雪准备了礼物，而且都真挚地祝福她生日快乐。在生日聚会上，李雪就像是一个周到的小主人，把每个同学都照顾得很到位，无形中也与同学之间增进了友谊。

对于内向的李雪，父母精心设计了生日聚会，给李雪机会来接待前来为她庆祝生日的同学。正如成人世界里的礼尚往来一样，李雪对每一位小客人都表现得热情周到，也博得了大家的认可和喜爱。相信经过这次生日宴会之后，李雪与同学们的关系一定会更亲密的。

每个孩子都有自己的脾气秉性，对于内向的女孩来说，父母当然没有理由强迫她们一定要变得外向，但是可以制造各种机会和轻松愉快的交往氛围，让女孩更加积极主动地与他人交往。这样潜移默化的方式，不但不会引起女孩的反感，反而会取得良好的效果，让女孩体会到友谊的可贵。

第47招

参加户外活动，培养女孩的合作能力

随着行业分工越来越精细，几乎各行各业都需要与其他行业交流合作，才能更好地实现生存与发展。对于个人生存和发展也是这样。毋庸置疑，和有兄弟姐妹相伴着长大的孩子相比，独生子女的成长要相对孤独寂寞一些，也不太懂得合作与分享。因而，在培养孩子的过程中，尤其在教育女孩时，父母必须有意识地培养女孩的合作能力，让女孩在小时候能与同学友好地相处。

当然，培养女孩的合作能力，在家中是很难进行的，因为在家中女孩只能接触到父母，而很多父母偏偏习惯了一手包办。其实，多带女孩参加户外活动，在与人合作中培养女孩的社交能力是很好的选择，而且效果显著。父母可以借鉴这个方法，给女孩提供更多的机会，逐渐养成女孩的合作意识。

晨晨是独生女，从小就习惯了独占家中几乎所有好吃的、好喝的，不懂得与人分享。眼看着晨晨就要读初中了，但是她没有丝毫改变，从来不会为他人着想，没有一点集体主义精神。父母很为她即将开始的初中生涯感到担忧。毕竟初中就要去住校了，到时候可没有父母替她准备好一切。思来想去，父母决定想办法培养晨晨的合作意识，这样晨晨上初中以后就不会因为缺乏合作意识而与其他同学产生矛盾和纠纷，甚至闹得不愉快了。

有一次，父母约了几个朋友带着各自的孩子一起去爬山。这次爬山道路艰险，任何人仅凭一己之力都很难顺利登顶。其实，这是父母提前设计好的线路，目的就在于培养孩子的合作能力。在一处陡峭的坡地，为了安全起见，大人用绳子把每个人都连在一起，而且在登山之前就告诉孩子们，为了其他人的安全，每个人都要小心谨慎，否则很容易连累别人受伤。

原本孩子们还不以为意，但是当其中一个孩子脚下一滑险些摔倒时，与他相邻的孩子也都一个个踉跄不已。这时，孩子才知道父母说的是真的，一个人摔倒，很有可能导致其他人也摔倒。随后的路程中他们非常小心，绝不敢有任何懈怠。等到好不容易顺利登顶，他们甚至激动地抱在一起欢呼起来。这次活动之后，晨晨与人合作的意识明显增强了。

当然，一次活动不可能让已经习惯了独来独往、娇生惯养的晨晨马上就改头换面，具有很强的合作意识。但是多参加一些这样的活动，在潜移默化之中，孩子就会知道唯有团结合作，才能完成更加艰巨的任务。这样一来，孩子在与同伴相处的过程中，自然就会和谐融洽，不再处处以自我为中心了。

当然，除了户外活动之外，很多其他的集体活动也都能增强孩子的合作意识。需要注意的是，为了起到良好的效果，活动最好有一定的难度，任务的设置最好是通过合作才能完成的。

合作精神是每个人都应该具备的素质，父母在教育女孩时，一定要有意识地培养女孩的合作能力，这样女孩将来才能更好地适应社会生活。

第48招

引导女孩学会分享，收获快乐

独受宠爱的孩子很少懂得分享的快乐。由于已经习惯了独享一切，所以他们不愿意把自己的东西分享给他人。殊不知，分享能够让快乐翻倍。教孩子学会分享，不但有利于改善孩子的人际关系，而且能够让孩子享受到更多快乐，何乐而不为呢？

关于分享的故事，有个妈妈做得非常好。每次在给孩子吃东西的时候，妈妈都会自己先吃一大口。注意，是真正的一大口，而不是敷衍了事地欺骗孩子的那种。而且当孩子有了好吃的，主动与她分享时，她也会毫不客气地与孩子分而食之。有很多妈妈都觉得这位妈妈太馋，一致认为有了好吃的应该先给长身体的孩子吃，这位妈妈对此却不以为意。

等到孩子长大之后，区别出现了。那就是那些习惯吃独食的孩子往往不懂得孝顺父母，哪怕父母已经老了，他们依然吃掉所有美味的食物，丝毫不想着应该把美食先给年迈的父母享用。而且在人际关系方面，他们的人缘也很差，因为他们心里只有自己，不管什么时候都先想着自己，所以他们很少有好朋友。

与他们恰恰相反，那个被妈妈吃掉一部分食物的孩子，长大之后很孝顺父母，而且与人相处时也懂得谦虚礼让，不会只顾着自己。可想而知，这个孩子不但孝顺，而且处处受人欢迎，成长过程中也感受到了更多的快乐。

其实，孩子不懂分享，和父母的教养方式有着密切的联系。细心的朋友会留意到生活中的一种奇怪现象，即很多成人向年幼的孩子讨要东西吃，等到孩子真的给他们时，他们又表示拒绝。还有些父母总是把好吃的全部留给孩子，而自己一口都不吃。

第一种现象中，成人是在逗弄孩子，但是使孩子觉得很困惑：既然要了却又拒绝，那为什么还去要呢？第二种情况中，时间久了，孩子必然养成"吃独食"的坏习惯，哪怕等到父母老去，他们长大成人，有相当一部分成人竟然不会把好吃的东西分享给父母。毫无疑问，这两种行为都会导致孩子越来越自私。而且，因为独享太多的好东西，他们还很有可能会变得不懂珍惜，从而根本无法享受物质生活带来的快乐。

从这个角度而言，要想改变孩子"吃独食"、不懂分享的坏习惯，父母首先要从自身做起，不要凡事都让着孩子，把所有好东西都一股脑儿地塞给孩子。尤其是在教养女孩的过程中，父母更要避免溺爱女孩，不要让女孩养成自私自利的坏习惯。只有拥有一颗乐于分享的心，孩子才能变得更快乐。

西方有句谚语："赠人玫瑰，手有余香"。这句话告诉我们，在向他人付出的同时，哪怕他人对我们没有任何回报，我们也已经得到了分享和付出的快乐。所以，当我们怀着乐于分享的心与他人相处时，我们不但收获了朋友，更收获了难得的快乐。当孩子学会分享和付出的时候，他们也会和我们一样感受到更多的快乐，从而使人生变得充实且富有意义。

第49招

培养女孩的同理心、同情心、感恩心

　　人与人的相处是这个世界上最微妙的事情。要想让孩子拥有良好的人际关系，就要培养她具有"三心"，即同理心、同情心和感恩心。所谓同理心，是指孩子应该站在他人的角度，体会他人的情绪和想法，理解他人的立场和感受；所谓同情心，是指孩子应该心地善良，对这个世界充满爱意；所谓感恩心，指的是孩子应该对别人给予的和自己得到的一切都心怀感谢，这样孩子才会对自己所拥有的感到满足，而不会一味抱怨。

　　具体来讲，父母在教养女孩时，培养女孩的"三心"也需要漫长的过程，也要渗透到日常生活中的方方面面。毕竟这"三心"代表着女孩的社交处世准则，因此家长帮助女孩端正态度，才能让女孩成功养成"三心"。一旦具备这"三心"，女孩的人生也会变得更加顺遂如意，不会因为抱怨、憎恨而失去快乐。

　　慧敏已经是初一的学生了，但是她还和小时候一样娇生惯养。最近慧敏的爸爸因为工作调动到北京，所以攒钱在北京买房成为全家人的头等大事。有一天，慧敏央求妈妈给她买一辆山地车，妈妈不假思索地拒绝了："从咱们家到学校走路也就十分钟，根本不需要骑车。"

　　慧敏为此很不高兴，嘟嘟囔囔地说："但是，好几个同学都有山地车，我也想要。周末和同学出去玩的时候，我也可以骑车啊。"

妈妈语重心长地说："闺女，你爸爸调到北京工作了，咱们不能和爸爸分开啊。所以，爸爸妈妈现在正在筹钱准备去北京买房，你以后也要节省一些，不能想要什么就买什么。"

对于妈妈的解释，慧敏很不理解："爸爸为什么要调动到北京去啊，在老家不是挺好的吗？"妈妈说："爸爸正好有这个机会能调到北京去，这也是为了你啊。"

慧敏还是不高兴："那么，你们为什么不早点去北京买房子，这样现在就不用为买房子发愁了。说来说去，还是因为你和爸爸挣钱太少了，我们同学有住大别墅的呢，不比北京的房子便宜，人家爸爸妈妈还是给她买山地车了！"

听了女儿的话，妈妈很伤心，毕竟女儿已经读初一了，却没有一点感恩心和同理心。

父母给了孩子生命，孩子如果不知足，不懂得感恩，就会对父母索求无度。其实，孩子并非生而就不懂得感恩，而是因为父母在教养孩子的过程中过于溺爱孩子，对孩子有求必应，导致孩子认为父母为自己做什么都是应该的。这样的心态是很可怕的。当孩子不知感恩时，心中就会充满怨恨。

面对这样的困惑，其实，如果父母能够在平日里多多启发孩子，让孩子常怀一颗感恩之心，那么他们就会发现世界上有很多东西都值得感恩，诸如阳光雨露、父母亲人、美味的食物、健康的身体。

感恩之心使人对外界的一切都能够坦然接受，哪怕面对命运坎坷，也不会过度抱怨。所以教女孩懂得感恩不仅是为了让女孩感激父母，更是为了让女孩心境从容。当然，和感恩之心一样，同理心、同情心同样非常重要，父母都要有意识地教养女孩具备这"三心"，女孩才会生活得更快乐、更幸福。

第50招

引导女孩在交友过程中树立是非观

当孩子年纪还小的时候，虽然他们有了很多想法，但是对于是非的判断依然没有那么明确。在这种情况下，作为过来人的父母就要给孩子把好关。毕竟现代社会人心复杂，尤其心思单纯的女孩又很容易被蒙蔽，所以父母为女孩把好交友关就显得非常重要。

父母尤其要注意女孩的交友问题，因为朋友对于孩子的成长起到很重要的作用，益友和损友带来的影响是截然相反的。当然，这里所说的"注意"，并非对女孩生硬地强加干涉。毕竟女孩有自己的想法，父母不能强迫她们做任何不愿意的事情，只有恰当引导，才能避免引起孩子的逆反心理。当然，父母也可以帮助女孩树立是非观，在保证人身安全的情况下，让孩子自己选择朋友。

刚刚读小学六年级的思思，最近和已经读初二的潇潇成了朋友。虽然妈妈几次三番地提醒思思要和同龄人交朋友，要和同学们齐头并进地搞好学习，但是思思就是不听。

有一次，妈妈追问思思到底为什么要与潇潇交朋友，思思说："妈妈，潇潇特别漂亮，她穿的衣服都是她姑姑从香港给她带回来的，我喜欢和她在一起。"

妈妈又问："那么，你觉得潇潇身上有什么值得你学习的优点吗？"

思思想了想，说："潇潇很厉害，一个人能打两个人。"

妈妈立刻警惕起来，意识到潇潇是负面朋友的人选，于是语重心长地跟思思说："潇潇打架厉害，那你有没有想过被打的人是什么感受呢？如果被打的人是你呢？你还会崇拜她吗？"

妈妈的话使思思陷入沉思。的确，漂亮衣服并不能提高学习成绩，潇潇打架厉害却伤害了同学，这并不是什么值得骄傲的事。思思想通了这个道理，也就不再盲目追随只顾着穿衣打扮、崇尚武力的潇潇了。

孩子交朋友，有的时候只是因为很小的理由，诸如有的孩子因为觉得某个朋友有他喜欢的玩具，或者是很擅长玩游戏。当然，用这种方式交朋友，只针对年龄比较小的孩子。大一些的孩子，诸如案例中的思思，会因为崇拜、羡慕等其他的原因交朋友。总而言之，孩子需要朋友，但在孩子交朋友的过程中，父母一定要加以引导，帮助孩子形成正确的价值，结交一些品行端正的朋友。

所谓"近朱者赤，近墨者黑"，品行端正的朋友对孩子起到积极的影响作用，而那些"不良"朋友只会把孩子的人生轨迹带偏。父母在教养女孩时，要意识到这一点。

第六章

性格决定命运，好性格让女孩幸福一生

性格决定命运。的确，在人生中很多重要的时刻，性格决定了孩子今后的走向。要想让女孩拥有幸福的一生，父母就要从小培养她们拥有好性格，这样才能在未来的人生之路上拥有好命运。

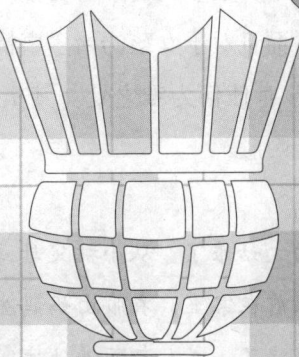

第51招

女孩的富养不等于娇生惯养

民间有句俗话，叫"穷养儿，富养女"。这种说法的初衷是希望男孩长大之后能够顶天立地，支撑起一个家庭，也肩负起一定的社会责任，所以男孩要穷养，让男孩多吃苦，磨炼男孩的意志力。那么，富养女孩又是为什么呢？富养女孩的目的就是提高女孩的品位修养，在她们长大之后不至于在对物质欲望的追求中迷失自己。

正是在这种观点的影响下，很多父母都对女孩百依百顺，不管女孩有什么要求，他们都无条件答应，而且对于女孩的诸多事情他们都采取包办的态度。总而言之，就是绝不让女孩有任何为难之处。其实，这些父母完全是把"富养"女孩和娇生惯养混为一谈了。

七月已经是个十三岁的大姑娘了，从小被父母"富养"的她，对初中集体住校的生活非常不适应。以前在家里，衣服由妈妈洗，饭菜由妈妈做，她只要等着享受这一切就够了。生病了一家人都围着她嘘寒问暖。但是如今进入集体生活中，一切都需要自己动手，因为在家缺乏锻炼自立能力的机会，她做很多事都显得力不从心，因而觉得身心俱疲。

为此，她几次三番地闹着要妈妈过来陪读，让妈妈照顾自己的生活。妈妈也很着急，向学校提出申请，但是学校的老师拒绝了妈妈的要求。老师说："你现在能陪她上初中，以后能陪她上大学吗？孩子总是要学会离开父母的怀抱独自生活。"妈妈觉得老师说得有道理，只能鼓励七月勇敢一点，坚持一段时间情况总会有所改善的，并在假期教会了她一些必备的生活技能。

娇生惯养的女孩必然缺乏自理能力，不管做什么事情都要依赖父母。而且，因为从小衣来伸手、饭来张口的女孩也不知道生活的艰辛，从而把所有事情都想得很简单。

因此，父母在养育女孩的过程中，一定要注意把握好"富养"和娇生惯养的尺度。女孩可以"富养"，让她们不至于物质匮乏、生活拮据，但是一定不能娇生惯养。明智的父母会知道在必要的时刻，让女孩品味生活的艰辛，承担一定的责任。唯有如此，女孩对于生活才会有更深刻的理解，而不会像温室里的花朵一样，根本不知道外面的世界有多艰难，也就更谈不上独自去应对这些困难了。

第52招

女孩可以温柔，但不能软弱

人们常常用"温柔似水"来形容女性，因此，父母在培养女儿的时候，也总是希望女儿能够温柔可人。当然，温柔是女性美好的品质之一，但是现代社会已经对养育女孩提出了不同的要求。女孩只有温柔远远不够，还要从小养成勇敢坚强的品质，学会毫不畏惧地面对将来可能遇到的艰难险阻。

女孩要有个性、有主见，也要有能力、有水平。女孩可以温柔，但是不能软弱，面对一些情况，女孩只有表现出巾帼不让须眉的气势，才能更好地发挥自己的实力，维护自己的权利。

可可是个内向胆小的女孩，说话既温柔又小声。原本小时候父母还觉得可可很安静，很听话，但是等到可可上了高中，爸爸妈妈才意识到她的性格过于软弱。比如高中文理科分班的时候，可可原本特别喜欢文科，但因为父母想让她学理科，她就放弃表达自己想法的权利，顺从父母报了理科。

后来，父母意识到可可学习理科很吃力，学习成绩也一落千丈，这才反省要让可可自己重新选择。当父母主动提出让可可调到文科班时，可可委屈地哭了起来，告诉父母她原本就是喜欢文科。父母大吃一惊："可可，你这么喜欢文科，为什么不早点说呢？"

可可边抽泣边说："我不想让你们不高兴。"爸爸心疼地说："傻闺女，这有什么不高兴的呀。你选择文科还是理科本来就应该由你自己来决定，即使是爸爸妈妈也不能强迫你。"

后来，父母又有好几次发现可可不会拒绝别人，性格有点软弱，终于意识到问题的严重性。毕竟可可这样的性格如果走入社会，将来一定会吃很多亏，也无法维护自己的利益，取得更好的发展。从此以后，父母就开始有意识地培养可可的主见，教可可学会拒绝别人。

作为女孩，温柔固然是惹人怜爱的，但是涉及原则问题就不能退让妥协。归根结底，女孩长大后也要走入社会，和男人一样承担社会分工。所以，家长要告诫女孩，长大后作为现代女性要与时俱进，勇敢追求自己想要的东西，从而取得更大的进步和成功。

任何时候，面对任何人，作为女孩都要听从自己的内心。如果一个人连自己内心最本真的想法都不能坚守，那么所谓的温柔也会变成怯懦的代名词。

第53招

面对女孩任性耍赖，心平气和地说"不"

在现代家庭中很多女孩都是家里的小公主，她们不但有父母的加倍爱护，而且还能得到隔代长辈的宠溺，真可谓是集万千宠爱于一身。在这种情况下，小公主必然被惯得越来越有脾气，甚至变得非常任性。所以现在的小公主有时被冠以"小祖宗"等称号。对于生活中小小的不如意，她们也很容易表现得歇斯底里。在这种情况下，父母要如何对待女孩的任性耍赖呢？

我们知道，很多女人在耍赖的时候都会选择哭闹，哭有时是女人争取权利的武器。其实不仅是女人爱哭，很多小小年纪的女孩就知道利用眼泪来征服爱她的人。当父母一次又一次因为女孩的眼泪而妥协时，容易使女孩占据上风，以后再想管教女孩就很难了，因为女孩已经知道了父母的软肋在哪里。实际上，面对女孩的第一次任性耍赖，父母就应该心平气和地说"不"。这样坚定的、没有商量的语气，可以使女孩知道父母的拒绝态度不容改变。这样哪怕年龄再小的女孩，也能敏锐地从父母的语气中得到很多讯息。

周末，妈妈带着巧巧一起逛商场。原本妈妈是想给巧巧买身漂亮的新衣服过生日穿的，但是巧巧偏偏看上了一个超大号的玩具熊，缠着妈妈给她买。那个玩具熊价值不菲，为此妈妈说："巧巧，这要花去妈妈快半个月的工资啊，太贵了。妈妈给你买新衣服，咱们不买玩具熊，好不好？"妈妈的话还没说完，巧巧的眼泪就吧嗒吧嗒掉了下来。妈妈更加不知所措，最终只好缴械投降，给巧巧买了玩具熊。

当幼儿老师的小姨听姐姐说起这件事后，告诉姐姐："姐，你说得太多了。拒绝孩子不需要心虚地解释那么多，你只需要告诉孩子'不'，孩子就不会再纠缠你。"

"就这么简单？"妈妈觉得难以置信。

小姨说："是的。就这么简单，是你自己把问题想得复杂了。不信的话，下次你可以试试，效果肯定比你啰里啰唆说那么一大堆话要好得多。"

后来，妈妈带着巧巧去超市。巧巧又对妈妈提出过分的要求，原本妈妈又想长篇大论地说服巧巧，却突然想起巧巧小姨的话，因而半信半疑地以平静的语气对巧巧说："不买！"

出乎妈妈的预料，那次巧巧哭了几声，看到妈妈面无表情，就偃旗息鼓了。

孩子能够感受到父母的心虚，尤其是父母在不坚定地拒绝孩子时，孩子是会抓住父母的软肋展开眼泪攻势的。如果父母能够坚定自己的态度，意识到孩子在未来不可能每个愿望都得到实现，要让孩子勇敢地接受被拒绝，那么就可以直截了当地以"不"拒绝孩子，而且内心毫不内疚。这样一来，孩子感受到父母的坚决，就会放弃眼泪攻势了。

需要注意的是，以"不"拒绝孩子时一定要心平气和，否则孩子也会感受到父母的情绪波动，从而找到征服父母的破绽。

第54招

女孩行为有偏差，要巧妙制止

每个人在成长的道路上都难免会走弯路。孩子因为年纪尚幼，人生阅历也很少，所以有时难免会在不知不觉间走偏了。这时，作为孩子的监护人，父母一定要第一时间加以引导，纠正女孩的行为偏差，帮助孩子走回人生正轨。

当然，顽皮淘气并非是男孩的专利。很多情况下，女孩也会因为思想的局限或者因情感的叛逆，偏离人生轨迹。不过，对于男孩犯错，父母也许会直截了当地指出来，但是对于女孩则要巧妙制止，因为女孩心思细腻，很容易因为父母无心的话受到伤害。父母在与女孩相处时更要说话谨慎，千万不要口无遮拦，将过分苛责的话随口说出来。与此同时，父母也要理解女孩行为上出现偏差大都并非故意为之，只要加以引导，就可以改正错误。只要女孩懂得对自己、对父母负责任，她们就还是好孩子。

桃桃正在读初中二年级，已经情窦初开了。最近，她特别喜欢班长，每到放学的时候，总是找各种理由和班长一起回家。

有一次，妈妈在回家的路上路过学校，当时桃桃马上就要放学了，于是妈妈就把车停在路边，想着顺路带桃桃回家。妈妈左等右等，直到学校里各个年级都放学了，也没有等到桃桃出来。妈妈于是把车子停好，就去了教室。在教室外面，妈妈透过窗户看到桃桃正在和一个男生坐在一起同看一本书，教室里除了他俩之外，还有几个同学在写作业。

妈妈装作若无其事的样子喊道："桃桃，放学了吗？"桃桃看到妈妈来了，马上脸红地和男生分开，赶紧收拾书包和妈妈回家。路上，妈妈问桃桃："那几个孩子都在写作业，是学校里的作业没有完成吗？"

桃桃点点头，说："嗯，他们作业没写完。老师让班长留下来给他们解答数学问题，我负责解答语文问题。"

"哦。原来是这样啊，我还以为你贪玩不回家呢！看来我们桃桃擅长语文，那位班长擅长数学，是吗？"桃桃支支吾吾地"嗯"了一声。

妈妈又说："我们上高中的时候，也是男生学习理科的多，女生学习文科的多。最搞笑的是，后来大学毕业找对象，学理科的男生都不想找学理科的女生当老婆，而想找学文科的女孩当老婆，说文科女孩温柔。桃桃，你可要认真学习啊，以后学文科，一定能够给妈妈找个好女婿回来，学文科的女孩很受欢迎呢！"

听到妈妈的话，桃桃心中一惊，她知道妈妈是在旁敲侧击地说自己呢，因而赶紧表态："妈妈，放心吧，我的理想可是考北京大学啊！我一定不会让您失望的。"

就这样，情窦初开的桃桃在妈妈三言两语的劝说下，马上收敛自己，认真学习。她很清楚，如果不能考上好大学，一切大好前程都没有了，更谈不上拥有美好爱情了。当然，对于桃桃的表态，妈妈也全盘接受。不过，在随后的日子里，妈妈也没忘记隔三岔五委婉地提醒桃桃。就这样，妈妈和桃桃顺利度过了一次小小的危机。

所谓响鼓不用重锤，要想引导孩子，无须再三强调，甚至强行纠正。父母只需适当提醒，点到为止，相信大部分孩子，尤其是心思细腻的女孩就能领悟父母的意思了。但是，父母要明白一点，不管用什么方法，一定要针对孩子自身的情况，才能达到预期的效果。

第55招

言传身教，帮助孩子养成正确的表达习惯

成人之间交流的时候，有很多人都有夸大其词的毛病。其实，交流的作用就是信息的传递，夸大其词会导致我们的本意被曲解，这样一来语言传达的本意已经失真了，有的时候还会招来别人的误解。

很多孩子说话的时候也喜欢夸大其词，这是因为他们在潜移默化中受到父母或者身边其他亲友的影响，不知不觉中讲话就变得夸张了。从这个角度而言，作为父母一定要尊重事实去表达，尤其是在与女孩沟通的时候，千万不要对女孩起到负面的影响。

有天晚上，由于安安的作业完成情况不太好，老师向妈妈反馈了。所以等到安安和爸爸一起跑步回来，妈妈有些不悦地提醒安安："安安，昨天的作业怎么回事？"安安回答："我忘记写了。"妈妈反问："今晚还会继续忘记吗？"安安当即表态："不会了。"妈妈说："好的。不要再让老师告诉我你作业没完成，否则妈妈下次就没有这么客气了。"听到妈妈说得这么严重，安安赶紧吃饭洗澡，然后开始做作业。

也许是因为时间晚了，作业量大，安安很着急。在完成一科作业后，她对妈妈说："妈妈，赶紧帮我问下另外一科的作业，我放学的时候没有听清楚。"妈妈没明白安安的意思，因而想要问个清楚，安安却急躁起来，很不耐烦地对

妈妈说："你怎么就听不懂呢？我让你帮我问下作业！"

听到安安的语气，妈妈一下子火了，说："是你请我帮忙的，不是我理所应当帮你的……"安安也有些生气了，母女俩眼看就要吵了起来。爸爸闻声赶来询问情况，安安告诉爸爸："妈妈滔滔不绝，口若悬河，我根本无法插嘴。就因为我让她帮忙问下作业，她就歇斯底里。"听到安安的话，爸爸不由得皱起眉头，说："妈妈说话我一直都在客厅听着呢，没有你说的这么夸张吧？"

这时候妈妈更生气了，质问安安："你不要夸大其词。小小年纪怎么就学着撒谎呢？"安安很委屈，说："我没有撒谎，写作文不都要夸张吗？我也只是夸张了一下而已。再说了，妈妈也是这样说的……"

爸爸语重心长地告诉安安："安安，写作文可以夸张，因为那是文学创作。但是说话不要夸张，否则就会引起别人的误解。今天如果不是爸爸一直在客厅听着你们说话，爸爸肯定会误解妈妈，那么妈妈是不是很委屈呢？这样一来，父母就会发生争吵。你愿意看到我们吵架吗？"

安安若有所思，原来写作文和说话完全不是一回事啊！

经过了解，原来安安喜欢夸大其词的原因让人啼笑皆非，原来她是把作文里的夸张手法活学活用到现实生活中了呀！而且加上妈妈讲话也总爱往严重了说，这也在一定程度上给安安造成了影响。由此可见，孩子养成不良的表达习惯，原因是多种多样的，家长一定要找到问题的根源，才能教育出表达贴切又得体的孩子。

一旦发现孩子有说话夸张的倾向，父母首先要进行自我反省，然而再确定孩子说话夸张的原因，从而帮助他们养成正确的表达习惯。

第56招

女孩爱说脏话，要追根究底

有人说，孩子的心灵就如同一张白纸，父母最初的勾勒将是他们未来生活的底色。的确，孩子染之苍则苍，染之黄则黄。曾经有人进行过推论：如果把一个刚刚出生的孩子放在聋哑人之中长大，那么这个孩子哪怕身体健全，也会失去语言能力。这并非意味着这个孩子的声带有问题，而是他所处的语言环境所导致的。环境的力量就是这么强大，很容易改变孩子的天性。

那么，在一个污言秽语的成长环境里，孩子能学到什么呢？毫无疑问，假如孩子身边有人说脏话，那么孩子很容易也学会说脏话，养成不好的语言习惯，难以改正。所以我们作为父母，一定要谨言慎行，千万不要在无意之间给孩子的语言发育造成恶劣的影响。但是如果父母一直使用文明用语，却发现孩子，尤其是女儿学会了说脏话，就要马上寻根究底，从根源上解决问题。

谷雨三岁了，突然开始说脏话，嘴巴里总是冒出一些不堪入耳的词语。这使身为知识分子的父母感到非常苦恼。毕竟谷雨是女孩，他们可不想自己的女儿长大之后满嘴污言秽语，心灵也由此受到污染。

父母先是进行了自我反思，确定彼此都从未说过脏话之后，不由得把目光转向了保姆。但是，经过几天观察之后，他们发现保姆也没有说脏话，那么谷雨到底是和谁学会说脏话的呢？

那是周一的一个早晨，由于把重要的文件落在家里了，妈妈只好回家去取。可是一打开家门，妈妈就发现家里陆陆续续去了好几个人。原来，这些人都是保姆的老乡，每次趁主人不在家，他们都会相约聚在谷雨家，在家里胡吃海喝，而且还用方言大声说着脏话。小小的谷雨在一边玩耍，时不时地还会抬眼看看这些人，可想而知，等到妈妈回家，她的小嘴里又不知道要冒出什么话来。

妈妈当即把那些人全都请出家门，而且还辞退了保姆。原本妈妈一直因为谷雨还小，舍不得送谷雨去幼儿园，这下子她只能下定决心送她去幼儿园了。

正处于学习和模仿时期的孩子很容易受到周围人的影响，甚至还会学"坏"。在这种情况下，父母要当好孩子的监护人，尤其要注意不要给孩子带来负面影响，否则大人潜移默化的言传身教，会导致孩子在不知不觉中就变成另一番模样。

语言是心灵的表达。作为父母，我们不但要净化自己的心灵，更要以美好纯净的语言给孩子营造良好的成长环境，从而让孩子也成为文明的先锋。一旦发现孩子语言表达受到大人的污染，父母必须先自省，然后从孩子生活的环境中找出原因，彻底排除不良影响。

第57招

女孩虚荣心太强，应及早纠正

虚荣心其实人人都有，是广泛存在的一种心理状态。但是，虚荣心太强就不好了。当然，适度的虚荣心反而能够促使我们更加积极奋进，但是过度的虚荣心，则只会使人掉入陷阱，根本无法保持平常心面对生活。

在教育孩子时，很多家长发现有些孩子虽然年纪很小，但已经被虚荣心绑架了。在学习上，孩子努力争取考高分，只是为了把同学比下去。甚至有相当一部分孩子，尤其是女孩偶尔看到其他女孩穿着漂亮的衣服，她们会心理不平衡，非要嘲笑对方是丑小鸭。

其实，在美好年纪的孩子应该胸怀宽厚，懂得欣赏他人的优秀，同时也提高自己。在养育女孩的过程中，当发现女孩的虚荣心过强时，父母应该引起警惕，及早帮助女孩摆正心态，不要受到虚荣心的驱使。

荣荣今年已经是高三的学生了，但是近来她常常心绪不平，就连学习成绩都受到影响。原来，荣荣学习成绩很好，一直是班级里的佼佼者，再加上她擅长文科，所以同学们都说她能考上北京大学中文系，要知道那可是全国文科学子心心念念的最高学府啊！

不过，北京大学中文系历来没有保送名额，所以荣荣只能通过自己的努力才有考取心仪大学的机会。后来，学校里有了几个保送名额，但都是保送到南京、苏州等大学的。

老师在了解荣荣的志向后，上报给了学校，后来学校把保送南京某名牌大学的名额给了另外一个女孩。这个女孩就是荣荣的好朋友菲菲。

虽然荣荣心甘情愿为了进入北大而努力，但是看到菲菲居然不用参加高考就能进入名牌大学，荣荣还是觉得心里很不平衡。她想不通自己为何不能得到保送的机会，也因为失去保送的荣誉而懊恼。

在虚荣心的作怪下，荣荣心理上越来越不平衡，在最后的月考中居然发挥失常，成绩下滑很多。看到荣荣的状态，父母很担心。

所谓心病还需心药医，爸爸好不容易才问清楚荣荣缘由。得知荣荣是因为虚荣才导致心理失衡，爸爸安慰她："菲菲被保送的大学并不是你想去的大学啊，这样看来你根本没有什么损失。毕竟学校领导在决定保送菲菲之前是征询过你的意见的，所以你可以当成是自己谦虚礼让，完全无须愤愤不平……"

在爸爸耐心的劝解下，荣荣终于打开心结，又开始一心一意地朝着梦想奋斗了。

果然，经过一个多月的冲刺，荣荣如愿以偿，榜上有名。

很多女孩因为敏感多思，所以虚荣心也很强。在这种情况下，父母一定要正确引导女孩，避免女孩因为虚荣心太强，心理产生不平衡，甚至影响正常的学习和人际关系。

案例中，荣荣正是因为虚荣才在关键时刻成绩下滑。幸好爸爸及时觉察到女儿的反常，并做通了荣荣的思想工作，才让她悬崖勒马，最终考上了理想的大学。

人们常说女人心，海底针。实际上，小女孩的心思也是很难猜的。在成长的过程中，女孩难免会在与他人的比较中遭遇很多困惑，作为父母一定要及时体察女孩的心理状态，找到虚荣心的来源。通常，女孩的虚荣心有两个来源。

第一，来自同伴的压力。有些女孩之所以喜欢在攀比中体现虚荣心，是为了在同伴面前炫耀。比如，我的零花钱比你多，我穿的比你好，我吃的比你好……一旦虚荣心作祟，女孩就喜欢通过一次次攀比，证明自己的"实力"强于别人。

第二，家长溺爱。家长的溺爱是导致孩子虚荣心爆棚的元凶。有些家长在养育女孩的过程中，总是无限度地满足孩子的需求，总想让自己的女儿比别人强，这样女儿也就容易形成攀比心和虚荣心了。

了解了这两个原因，家长就可以根据实际情况区别处理，理性地引导女孩，比如不要过度溺爱女孩，将虚荣心化为动力，让女孩通过积极进取等方式来纠正自己的虚荣心，从而建立健全的人格。

第58招

女孩胆小怕事，家长不要过度保护

我们知道，男孩与女孩不同的生理特征决定了他们性格的差异，女孩相对于男孩来说更娇弱一些。也正因为如此，有很多父母对女孩倍加照顾和呵护，在教养女孩的过程中也没有要求她们像男孩一样有责任有担当。其实，女孩越是胆小怕事，父母就越是应该多多锻炼她们，从而帮助她们的身体和心理都茁壮成长。否则，女孩就会像温室里的花朵一样弱不禁风。

人的胆量都是锻炼出来的。也许女孩从出生之后就很胆小，但是只要父母有意识地锻炼女孩的胆量，她们就会变得越来越独立自主，最终可以独当一面。相反，如果因为女孩胆小，父母便对其过度保护，那么女孩就会更加胆小怕事，不敢面对困难，最终成为怯懦的人。

要想让女孩变得坚强自立，首先父母要学会放手，给予女孩更广阔的成长空间，创造各种机会让女孩得到锻炼。

旭旭是个非常温柔腼腆的女孩，胆子很小，从小在父母的呵护下长大，从未经历过生活中的风雨。然而，随着年岁渐长，旭旭开始读小学了，父母不能再像以前那样寸步不离地保护她了。

有一天，旭旭哭着回到家中，告诉妈妈："妈妈，班里的子玉总是欺负我。他下课的时候乱丢我的书，上课的时候还偷偷在我后背上写字，把我的衣服都弄脏了。"

看到女儿哭得梨花带雨的样子，妈妈很心疼，当即就要给老师打电话。但是爸爸制止了妈妈，对旭旭说："乖女儿，你长大了，和同学之间的矛盾不可能一直让我们帮你解决。即便你这次求助于我们了，那么下次子玉还有可能会欺负你。所以，你要学着自己解决问题。你可以严肃警告子玉，还可以告诉老师，总之只要是你自己想出办法解决问题，爸爸相信他以后再也不会欺负你了。试一试，好吗？"

旭旭当然很害怕，但是面对坚决不帮忙的父母，她也只能自己试一试。次日，她并没有找老师帮忙解决问题，因为对于胆小的她而言，找老师也是很艰难的任务。不过她又无法忍受被子玉欺负，最终她狠狠地对子玉进行警告，告诉他再这样就会告诉老师。

果然，真的如爸爸所说，子玉再也不敢欺负旭旭了。

如果父母总是帮助孩子解决问题，那么孩子在父母的庇护下永远无法真正长大，更不可能变得坚强独立。因此，父母在正面管教女孩时，为了培养勇敢的女孩，父母一定要坚定态度，在女孩受欺负寻求帮助的时候，教会女孩自己独自面对。很多事情都是一回生二回熟，当女孩能够成功维护自己的权益时，相信未来她也会变得越来越勇敢。

从某种意义上来说，作为父母一定要狠心，必要的时候"逼迫"女孩变得坚强勇敢，勇于面对一切困境。

第59招

做事不急不躁，女孩要从容优雅

如今，随着生活节奏的加快，人们做事也越来越讲究速度，而且人们的心态也越来越急躁，这样的心态也会影响孩子。然而，急躁心理对于完成任务有弊无利。急躁非但于事无补，反而会使人们做事浮于表面，导致事与愿违。

人们常用"毛头小子"来形容男孩，这意味着对于男孩的急躁，人们的容忍度更高。对于女孩的急躁，人们则常常觉得难以接受，毕竟女孩要从容优雅，才能成为真正有修养的孩子。所以在养育女孩的过程中，父母要有意识地培养女孩从容优雅的性格，从而帮助女孩更加淡定从容地面对人生，这样在遇到荆棘坎坷时，女孩才不至于惊慌失措。

艾米是个急脾气，不论遇到什么事情她都很难保持理智和冷静。有一次，老师批改试卷的时候，不小心给艾米的试卷判错一道题目，把艾米正确的作答误判成了错误的，艾米不由得歇斯底里地大哭起来。就这样，原本应该老师向艾米道歉的事情，却因为艾米的急躁心理，导致她反而被老师批评一顿。

艾米的哭泣并没有解决问题，反而使事情更糟糕了。当艾米把这件事情告诉妈妈时，妈妈说："艾米，你应该淡定一些！愤怒使人智商降低，为了解决问题，你也要保持镇定啊！这样吧，当你再遇到类似的事情，先在心里数到十，让自己冷静下来，再想办法解决问题，好吗？"在妈妈的建议下，艾米终于有所收敛，急躁的脾气也改了很多。

在教养孩子时，不管女孩是否有才华，父母首先要培养她们良好的心态。只有让孩子意识到急躁对于处理事情没有任何好处，才会主动控制自己。毕竟，每个人的目的都是顺利地解决问题，而不是让一切变得更糟糕。

当然，父母的言传身教对于孩子也有莫大的影响。因此，父母要先做表率，给孩子树立榜样，这样孩子，尤其是女孩也会在耳濡目染中变得更加从容淡定或优雅，从骨子里表现出从容的气质和风度。

第60招

培养女孩心怀感恩，树立正确价值观

如今，在这个功利的时代，很多人都满腹牢骚，心中充满戾气。社会风气如此恶劣，也给孩子的成长带来很多不好的影响，导致孩子对父母缺乏感恩之心，更对自己无法拥有的一切感到愤愤不平。实际上，如今的大部分孩子并非拥有得太少，而是奢望得到的太多。假如孩子能够意识到自己生在现代社会是一件多么幸福的事情，而且对于父母赐予自己的一切心怀感激，那么他们一定会更加幸福快乐。

在教养女孩的过程中，为了帮助女孩树立正确的价值观，父母应该有意识地培养女孩谦卑和感恩的心态。那么，如何培养呢？实际上，父母要从对女孩的教养方式入手，让女孩明白一切来之不易，她们幸福的生活背后有着无数人的付出。

很多父母对于独生女儿的溺爱过头了，他们总是含在嘴里怕化了，捧在手里怕摔了，他们无怨无悔地为女儿付出，恨不得把自己认为好的一切都给女儿。瑶瑶小时候就是在这样无微不至的关怀中长大的。

直到瑶瑶上了初中之后，妈妈才意识到娇惯孩子百害而无一利。从此以后，妈妈改变教育策略，经常教育瑶瑶要体恤父母的辛苦，教育瑶瑶当思一粥一饭来之不易，培养瑶瑶坦然面对命运馈赠的从容气度，妈妈告诉瑶瑶，哪怕是风雨泥泞和坎坷，也要心怀感激。总而言之，一切都不是平白无故得来的，唯有始终对命运心怀感激，感恩我们生命中出现的任何人和任何事，才能让我们更加从容地接受命运的安排。

妈妈的教育策略施行以后，瑶瑶的改变很大，比以前更加珍惜现在所拥有的一切了。

拥有感恩之心不但能让孩子善待一切，也能让孩子得到更多幸福和快乐。古人云，知足常乐，一个心怀感激的孩子当然更会得到命运的偏爱。

家长要告诉孩子，人生难免会有大大小小的坎坷和磨难，生活的任何赐予都是最好的安排，坦然接受这一切，我们才能找到心安的归处。

为人父母，要照顾好孩子的方方面面，不仅要督促孩子好好学习，奔向大好前程，还要让他们长大后成为一个有正确价值观的人。毕竟一棵大树只有扎好根，才能枝繁叶茂。

第七章

培养自我管理能力，让女孩学会独立

时代对教养孩子提出了新要求，家长在教养孩子时，也要求孩子具有独立的能力，这样才能掌握自己的人生。因此在教养女孩的过程中，父母应该让女孩学会自我管理，这样将来才能成为独立自主的新女性。

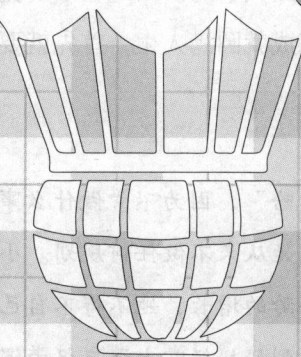

第61招

帮女孩养成做事提前规划的习惯

人生需要规划，没有规划的人生将会混乱不堪，不知道将会走向何方。当然，对于孩子而言，现在教他们规划整个人生显然有些为时过早了，但是引导孩子在做事情的时候养成事先制订计划的好习惯却是很有必要的。孩子一旦养成凡事事先规划的好习惯，做事情的时候就会更有条理，目标也会更加明确。

古人云"一屋不扫何以扫天下"，这句话充分说明，一个人如果连自己的小事情都做不好，是无法做成大事的。因此，不要觉得日常生活中的琐事无关紧要，对于孩子而言，要想成就圆满人生，首先就要从生活中的小事做起，从细节入手。

婷婷从小就是个"马大哈"，因为不管做什么事情都有父母为她操心，爷爷奶奶也非常宠溺她，所以她从来不做任何规划。小的时候，马虎的婷婷看起来还蛮可爱的，但是随着年龄的增长，她不得不自己应对学习和生活，因而很容易就会弄得手忙脚乱。看到婷婷经常上课忘记带课本或者文具，父母决定给她好好上一课。

一个周末，全家约定和舅舅一家三口去爬山、野餐。原本约定婷婷全家负责准备食材等，舅舅负责准备露营设备。因而，妈妈把准备调料的任务交给婷婷。眼看着就要出发了，婷婷却还没开始收拾，对于妈妈让她提前列好单子的建议，她也充耳不闻。结果，等到出发前，婷婷才手忙脚乱地开始收拾调料，到了山顶后却发现，她忘记带最重要的盐了。为此，所有人都在埋怨婷婷，妈妈更是毫不客气地批评："我早就让你列好需要带的调料单子了吧，但是你对我的话充耳不闻。现在好了，我们带了这么多好吃的，因为你没带盐，都没办法吃了，真的要回到原始社会，只能吃没盐的食物喽！"婷婷觉得很羞愧，面对大家的指责，她一句反驳的话也说不出来。

这时，舅舅说出事先安排好的台词："婷婷啊，真不是舅舅说你，女孩做事情一定要有计划，好记性还不如烂笔头呢！你要是听妈妈的话，提前列出计划带的调料清单，说不定在检查过程中就能发现自己忘记带盐了呢！"说完，舅舅无奈地摇摇头。

在给婷婷一段时间进行反思之后，舅妈也隆重登场。"哎呀！"舅妈突然拍了一下脑袋，欣喜若狂地对舅舅说："老公，我记得咱们车的后备厢里好像还有上个月吃烧烤剩下的半包盐，要不我们去看看吧。"

就这样，舅舅舅妈一起跑向车子，大概十分钟之后，他们拿着半包盐回来了。舅妈满头大汗地说："几乎把后备厢翻了个底朝天，终于找到了这半包盐，不过包装袋上有点儿灰尘，但是也比吃寡淡无味的烤肉好。"

婷婷这才长吁一口气，她暗暗下决心以后再遇到这样的事情，一定要先制订详细周密的计划，再也不犯这样的错误了。

在大多数人的印象里，和男孩相比，女孩做事是更有条理的，生活细节上也更爱干净一些，所以她们总是能够把自己的房间收拾得干净整洁，井井有条。但是，如今有很多女孩从小娇生惯养，衣来伸手，饭来张口，已经习惯了依赖父母照顾。她们的房间总是乱糟糟的，做事情甚至比男孩还粗心。在这种情况下，父母就要从日常生活中的小事抓起，帮助女孩在做事之前制订好计划。

成功从来不是一蹴而就的，唯有从生活中点点滴滴的小事做起，才能渐渐进步，获得成就。要想让女孩养成做事有条理的好习惯，父母就要有耐心，不断引导女孩，教导她们凡事提前做个规划，才能做到秩序井然、镇定自若。

第62招

教孩子集中精力，克服粗心大意的毛病

如果你问小学老师孩子粗心怎么办，老师一定会告诉你，孩子粗心是正常现象，如果孩子不粗心，那就不是孩子了。由此可以看出，孩子粗心无可厚非，因为这是由孩子的年龄阶段决定的。但是，如果孩子的粗心大意严重影响学习和生活，我们就必须帮助孩子克服粗心大意的毛病，让孩子变得细心起来。

很多人觉得男孩更容易粗心，女孩相对比较细心。其实不然，女孩也是孩子，同样也有粗心大意的毛病。很多女孩虽然平日里学习成绩很好，但是考试时也会出现因为马虎而丢分的情况。很多父母为此而着急，想要马上帮助女孩改掉粗心的毛病，然而这却是急不来的，唯有循序渐进，以恰当的方法帮助女孩集中精力，女孩才能少犯错。

这次期中考试，嘉嘉的成绩很不好。原本，根据嘉嘉平日里在学习方面的表现，妈妈觉得她应该能考入班级前十名，但是最终的结果是，嘉嘉在班级排到了二十名。

妈妈很不理解，不知道如何做才能更好地帮助嘉嘉提高成绩。为此妈妈特意咨询了老师，这才知道嘉嘉是因为粗心才会考差。妈妈问老师怎样才能让孩子不粗心，老师无奈地笑了，说："粗心是每个孩子都有的问题，只不过每个孩子粗心的程度不一样而已。应对孩子粗心的问题，没有立竿见影的方法，您可以通过在日常生活中培养嘉嘉的专注力，来减轻嘉嘉粗心大意的毛病。"

回家之后，妈妈针对嘉嘉粗心导致计算题失误较多的问题，每天都给嘉嘉安排一定数量的计算题，要求她在固定的时间内完成。起初，嘉嘉还是因为粗心出现很多错误，但是随着妈妈的督促，嘉嘉完成计算题的正确率越来越高，渐渐地她也能集中注意力了。

此外，妈妈还让嘉嘉独立完成拼图练习，这也是帮助她在短时间内高度集中注意力的好方法。在经过一段时期的强化训练后，嘉嘉的成绩果然有了很大的提高。

很多孩子都会因为粗心而犯错误，尤其是在考试中紧张的状态下，有些孩子因为紧张而全神贯注，有些孩子却因为紧张而脑中一片空白。在这种情况下，如何帮助孩子集中精力，就成为老师和父母急需解决的问题。尤其是父母，因为和孩子接触时间最长，所以更要想方设法地以各种方式培养孩子的专注力。在这个过程中，父母对孩子要多一点耐心和爱心，找到最适合自家孩子的好方法。

粗心大意的孩子不仅在学习上会遇到障碍，成年后在生活中也会给自己招致很多麻烦。诸如很多成人离开家的时候会忘记关煤气，晚上睡觉会忘记关好门窗，这样的粗心都会给生活带来极大的安全隐患。因此，唯有从小培养孩子细心的好习惯，才能让孩子平安成长。

第63招

少吃零食，保证营养均衡

现代社会，人们的生活水平越来越高，绝大多数孩子都衣食无忧，再加上很多都是独生子女，更是集家中所有人的宠爱于一身，在物质生活上别提多富足了。因此，很多孩子在溺爱的环境下养成了喜欢吃零食的坏习惯。

之所以说吃零食是坏习惯，是因为有相当一部分零食本身就没有什么营养，而且如果孩子吃零食就填饱了肚子，就没有吃正餐的食欲了。再加上女孩本身胃口就很小，吃东西不像男孩那么多，如果家长不节制女孩吃零食的坏习惯，那么女孩在吃了零食之后必然会影响正餐的摄入。这就导致家人也许花了很多钱供女孩吃喝，但是女孩却长得如同豆芽菜一般，严重缺乏营养，导致身体发育不良。从这个角度而言，父母和长辈可以疼爱女孩，但是不要溺爱女孩，尤其不要无限制地满足孩子吃零食的要求。

若男已经三岁了，但是长得非常瘦弱矮小。每当有不常见面的亲戚看到若男，总是惊讶地问爷爷奶奶："这个孩子怎么这么瘦呢？"爷爷奶奶只有若男这一个孙女，因而总是不好意思地解释："这孩子不爱吃饭，天天吃零食，尤其爱喝饮料。"

有段时间，若男在外地工作的父母回到家，看到女儿瘦弱的样子很是心疼。有一次，奶奶正打开家里的零食柜，果然，零食柜里堆满了食物，简直堪比超市货架。原本，奶奶以为若男妈妈会感激他们对孩子有求必应，宠爱有加，没想到若男妈妈说："妈，家里的零食太多了，这就是若男不爱吃饭的原因。孩子本来胃口就小，吃得少，你们再给她这么多零食吃，她哪里还想吃饭呢！我建议以后家里除了牛奶和水果之外，不要再买任何零食了。"

听了妈妈的话，奶奶为难地说："家里如果没有零食，她要吃的时候会急哭的。而且她一旦哭起来，就特别厉害，停不下来的。"

妈妈说："那就让她哭。必须狠心戒掉她吃零食的坏习惯，否则就会导致营养不良，影响她身体的发育。"

奶奶虽然舍不得，但是在儿媳的强烈建议下，再加上看到孙女的身体的确有些过于屏弱，终于同意了。

妈妈当机立断，趁着自己在家，就开始给若男戒零食。果然，若男哭闹了好几天，当知道哭闹也解决不了问题之后，她终于勉为其难地接受没有零食的事实，开始认真吃饭。因为一天之中除了三顿正餐，只有牛奶和水果，所以到了吃饭的时候若男很饿，因而胃口大开。

看着孙女居然能吃整整一碗饭，奶奶高兴得合不拢嘴，主动向儿媳保证，以后再也不胡乱给孙女买各种各样的零食了。

正如案例中妈妈所说，女孩本来胃口就小，如果不断地吃零食，必然导致食欲降低，到了正餐的时候反而吃不进饭。所以，真正爱孩子的父母和长辈要严格控制孩子的零食摄入量，才能让孩子在正餐的时候胃口大开，营养均衡。

不管是男孩还是女孩都要拥有强健的身体。因此，父母要意识到，总是给孩子吃零食不是对他们好，反而有可能害了他们。唯有认清这一点，父母和长辈才能更理智地爱孩子，才能让孩子拥有健康的体魄。

第64招

整理和收纳，让女孩学会选择取舍

很多父母在孩子小的时候，甚至在孩子已经长大后，依然因为溺爱孩子，为他们代劳很多事情，其中就包括整理房间。殊不知有"懒惰"的妈妈，孩子才会勤快，如果妈妈过于勤快，那么孩子就会变得懒惰。所以，理智的父母在教育女孩的时候，不会把自己变成全能手，而是会适度"懒惰"，促使女孩变得勤快起来。

自己动手收拾房间，有时也是一件很享受的事情。当然，对于年纪小的女孩而言，自己动手收拾房间的难度还比较大，所以我们这里重点要讲的是，让女孩自己动手整理和收纳，从而保持房间清洁，维持个人卫生。做一个干净清爽的女孩，由内而外散发出美丽恬然，岂不是更好吗？

同成人一样，很多女孩也会有选择恐惧症。她们无法在短时间内对废置物品做出取舍，而是会不断地纠结，也在纠结的过程中让自己变得无所适从。从这个意义上而言，帮助女孩养成整理和收纳的好习惯，实际上也是帮助女孩学会取舍。

绿水已经读小学二年级了，但是她从来不会收拾东西。妈妈还和往常一样，每天跟在她后面为她收拾书包、玩具、衣物。有一天，因为妈妈的疏忽，绿水忘记带语文家庭作业就去上课了，她被老师批评了一顿。老师电话联系了绿水妈妈询问情况，绿水妈妈赶紧自我检讨："对不起啊，周老师，都是我的责任，不怪绿水。昨天晚上我一时大意，收拾书包的时候落下了她的语文作业本，我这就给您送去！"

老师听到绿水妈妈的话，不由得啼笑皆非，问绿水妈妈："绿水妈妈，您准备帮绿水收拾书包到什么时候呢？绿水都已经上小学二年级了，难道你准备一直照顾她，一辈子都为她服务吗？我可真要批评你，不过不是批评你忘记了绿水的语文作业，而是批评你这个妈妈凡事一手包办，最终给孩子养成了不好的学习和生活习惯。如果你不改正，以后绿水一定会因此遇到很多困难的。"

老师的话犹如一记警钟，使妈妈深思起来。其实她也知道自己不能凡事都替绿水代办，但是她总觉得绿水还小。看来她的确要学会放手了。

当天下午放学后，妈妈就开始手把手地教绿水收拾书包，而且一本正经地告诉绿水，以后必须自己收拾玩具、整理房间。当然，对于绿水拿不定主意是该保留还是该丢弃某些东西的时候，妈妈会给予绿水一定的参考意见，但是决定权还是属于绿水的。

随着不断的锻炼，绿水的自理能力越来越强了。

孩子的懒惰很大程度上都是父母过于勤快惯出来的。如果父母能够假装"懒惰"，给予孩子更多的机会做自己的事情，那么孩子的自理能力就会提升很多。

需要注意的是，父母在教育女孩的过程中，女孩最初开始收拾和整理玩具、学习用品时肯定会不够熟练，对于房间的收纳也无法做到很好，但是父母必须强制要求自己忍住，千万不要因为觉得女孩做得不够好，就亲自下手代替女孩去做。总而言之，女孩需要锻炼，父母要想让女孩进步，就必须给予她们更多的时间和空间。

第65招

培养女孩的耐心，克服三分钟热度

一个人要想获得成功，仅凭一腔热情是远远不够的，唯有拥有恒心和毅力，才能排除万难，把事情做到最好。要想培养女孩的耐心，父母就要帮助女孩克服做事情三分钟热度的问题。曾经有心理专家指出，孩子注意力维持的时间很短，年纪越小的孩子，注意力越容易分散。因此，父母在教养女孩时，要有意识地培养女孩的恒心、毅力和耐心，帮助女孩变得更加优秀。

真真是个性格非常急躁的女孩，不管做什么事情，都是在开始时充满干劲，越往后越敷衍，最终半途而废。了解真真这个坏习惯之后，父母非常担忧，因为他们知道耐心对于孩子来说有多么重要。为此，父母决定想办法锻炼真真的耐心，帮助她克服做事三分钟热度的坏习惯。

周末，父母宣布要在家里举行拼图比赛，还说成功者将会有一次索要礼物的机会。要知道真真很久之前就想得到一个巨大的洋娃娃，因此她当即举双手赞成。考虑到年龄问题，父母得到了难度稍大的拼图，真真的拼图则难度较小一些。

从宣布比赛开始，全家人就都埋头开始完成自己的拼图，果不其然，在十分钟之后，真真开始变得烦躁起来。她站起来不停地走来走去，又无奈地继续拼图，最终还是宣布："我不拼了，我也不想要礼物了。"父母对视之后，妈妈认真地对真真说："真真，你如果真的放弃，可就得不到礼物了。你要坚持才有希望啊，你看爸爸妈妈的拼图这么难，但是我们还是继续努力。其实，你的进度已经比我们快很多了呢，你只要再坚持一小会儿，就能大功告成了。"

就这样，父母不断鼓励真真完成拼图，而且故意放慢自己的速度。最终，真真完成了拼图，不由得欢呼雀跃："哦，我完成喽，我终于完成喽！"

妈妈赶紧趁热打铁："真真真棒！真真很厉害哦！真真，你看爸爸妈妈说的是对的，你只要更加努力一点，做事有恒心一点，很快就能获得成功，对不对？"真真若有所思地点点头。

爸爸也说："真真，以后做其他的事情也像今天这样多坚持一会儿，好不好？其实你想要放弃的时候，很可能距离成功已经很近很近了。"就这样，在父母的引导下，真真做事越来越有耐心。

生活中，我们经常会遇到各种困难，甚至觉得自己已经无法继续坚持下去了，这种情况在成人身上都时有发生，在孩子身上更是常见。因此，为了培养女孩的耐心，父母一定要多鼓励她们，必要时还可以采取奖励的方式训练她们的耐心，这对于女孩的学习和人生都是有很大好处的。

因此，父母要依据女孩的性格特点，用心观察孩子在日常生活中的表现，从而针对女孩的具体情况，采取有效的方式帮助女孩克服做事三分钟热度的毛病。

第66招

做事有条理，遇事才能淡定从容

　　培养出文静娴雅的女孩，是家有女儿的每个家长的心愿。的确，这些形容女孩美好品格的词汇，在人们的心目中根深蒂固，很多时候人们理所当然地认为女孩就要淡定从容，如同丁香花一般高雅娴静。

　　实际上，并非所有女孩都那么文静娴雅。现实中，有些女孩甚至比男孩更加顽皮，父母为此感到头疼不已。还有的女孩比男孩更粗心，做事情风风火火，一点都不淡定。

　　珠珠是个粗心大意的女孩，甚至比大部分男孩还粗心，在生活中她时常丢三落四，说起话来也因为急躁而语无伦次。父母每次看到珠珠颠三倒四的样子就觉得很发愁，毕竟珠珠是个女孩，这样下去将来如何能够照顾好自己呢？况且这样也影响了珠珠的学习。

　　后来，父母发现，珠珠之所以表现出这样的混乱无序，其实并非因为性格急躁造成的，而是因为她做事情缺乏条理性。假如她能够把事情安排得井然有序，那么就不会出现慌张混乱的情况了。

　　因而，父母开始有意识地锻炼珠珠。诸如每天早晨起床，珠珠总是因为磨磨蹭蹭导致时间不够用。这时爸爸告诉珠珠："珠珠，你可以先刷牙，再洗脸，这样你就不会因为洗完脸之后，刷牙时又把脸弄脏了。"吃早餐的时候，爸爸也建议珠珠先吃面包，然后再喝已经不那么热了的牛奶。这样一来，珠珠的时间充裕了，做事变得有条理了，自然也就淡定了许多。

　　成人都有这样的经验，生活中的很多事情一旦整理出次序，就会变得很简单。父母如果想让女孩从容面对生活，就要从小培养女孩的条理性和秩序性，养成有条不紊的好习惯，这样女孩自然能够为自己争取更多的时间，也能够提高学习效率，赢得更美好的生活。

　　要想培养女孩从容淡定的气质，父母除了要培养女孩的兴趣爱好之外，也要帮助女孩养成做事有条理的好习惯。唯有内心从容，女孩遇到事情才能淡定，从而解决生活中的一切难题。

第67招

引导女孩学会储蓄，培养女孩的高财商

和几十年前相比，人们在经济上有了很大幅度的改善，孩子手中的零花钱也越来越多了。父母或者家中的长辈平日里会给孩子零花钱，很多孩子在春节期间，更是能收到几千甚至上万元的压岁钱。那么如何合理分配零花钱，让自己的钱发挥最大功效，就成为很多孩子急需掌握的理财能力。

很多父母对于孩子的零花钱采取放任不管的态度，实际上，现代社会高财商的人能合理利用自己的每一分钱，实现最大收益，但是财商低的人，即便拥有大量的金钱，也只会使手中的钱变得越来越少。由此可见，培养高财商对于孩子的人生也是非常重要的。同样的，在教养女孩的过程中，父母当然也要指导女孩合理分配零花钱，从而潜移默化提升女孩的财商。

艾米是家里的独生女，每到春节的时候，她就会收到爷爷奶奶、姥姥姥爷给的压岁钱，再加上平日里父母也会按月给她零花钱，所以她堪称家里的"小富婆"。

不过，艾米对于零花钱的分配却毫无计划，她想花的时候就会买很多玩具，或者买漂亮的衣服，不想花的时候就会把钱扔在钱包里不管不顾。有时候甚至自己也忘了。

随着艾米年龄的增长，父母决定要帮助艾米学会合理分配零花钱，培养

艾米正确的理财观。有一次，妈妈建议艾米："艾米，你每个月的零花钱能用光吗？"

艾米摇摇头，又点点说："有的时候会用光，有的时候会剩下很多。"

妈妈接着说："其实，你可以把每年的压岁钱进行一个合理规划，一部分存定期涨利息，一部分用于日常的开销，还可以预留一小部分应付每个月零花钱不足的情况。这样，你几年后就会有一笔能够自己支配的存款，也不会不知道把钱花到哪里去了。"

听了妈妈的建议，艾米不由得怦然心动，其实她早就想要把自己的钱存起来了，只不过一直找不到方法而已。

后来，在妈妈的建议下，艾米把压岁钱进行了合理的分配，又对每个月的零花钱进行了大概的规划。一段时间之后，艾米果然有了一笔可观的存款。艾米一想到等到过年的时候，她的存款又会增加，不由得高兴起来。

储蓄是人们理财的第一步。不仅成人打理生活需要合理储蓄，孩子也要养成理财观念，养成储蓄的好习惯。因此，家长要明白，在教育女孩时，让女孩学会储蓄，是帮助女孩养成良好理财观念的第一步。

当然，女孩还小，没有挣钱的能力，所以可供女孩支配的就只有零花钱和压岁钱。不过，钱不怕少，只要女孩学会合理规划，还是能让这些钱派上各自的用场。因此，从现在开始，父母就要引导女孩更好地与"财"打交道，这会让女孩的一生都受益匪浅。

第68招

摆脱拖延症，建立女孩的时间观念

"明日复明日，明日何其多，我生待明日，万事成蹉跎"。这是很多人都耳熟能详的《明日歌》，它教导人们要珍惜时间，不要白白浪费宝贵的生命。正如名人所说，时间是组成生命的材料，浪费别人时间的人，无异于谋财害命。同样的，浪费自己的时间等同于慢性自杀。

某个周末，朱朱和约翰约好要去约翰家里做客。约翰是妈妈的同事——一位国际友人家的孩子。朱朱很兴奋，因为约翰是她第一个外国朋友，而且约翰还会说流畅的中文，这使得朱朱和约翰交流起来毫无障碍。朱朱很喜欢金发碧眼的约翰，很早就开始期待这次约会。

然而，也许是因为头一天玩得太晚了，周六早晨朱朱迟迟没有起床。妈妈再三催促，但是朱朱不以为然，总是说："让我再睡一会儿吧，妈妈，我很困，我只要在午饭之前赶到约翰家就行。"

妈妈严肃地说："朱朱，我不得不提醒你，你和约翰约定的是上午十点钟见面。外国人的时间观念是很强的，假如你迟到，你很有可能会失去约翰这个朋友。"

朱朱对妈妈的话丝毫没有放在心上，而是说："我只是去约翰家里做客，我们早一会儿或者晚一会儿见面根本没有关系。"

就这样，朱朱又在床上睡了半个小时之后，才睁开惺忪睡眼洗漱，之后赶往约翰家里。

朱朱到约翰家时，已经上午十点半了。看到朱朱姗姗来迟还面无愧色时，约翰很生气地说："朱朱，咱们约定的时间是上午十点。"

朱朱笑着为自己辩解："没关系啊，我没有错过美味的午餐。"

约翰却严肃地说："对不起，朱朱，我和妈妈为了迎接你的到来，早晨七点就起床开始忙碌，准备午餐。但是既然你迟到了，我觉得咱们还是再另约时间吧，我现在不想接待你。"

朱朱有些难以置信地看着约翰，似乎不相信约翰会把已经登门拜访的她拒之门外。约翰依然用不容置疑的语气说："我妈妈累了，正在休息，请你回家吧。也许我们会再定时间的。"就这样，朱朱沮丧地离开约翰家。

回到家里，朱朱向妈妈哭诉，妈妈却说："朱朱，你和约翰约定上午十点见面，为了等待你的到来，他和妈妈七点钟就起床忙碌，但是你无故迟到，约翰怎么能不生气呢？你自己想想吧，当你赖在床上睡觉的时候，约翰却在为了迎接你而忙碌，换作你是约翰，你是不是也会生气呢？"

在妈妈的一番教导下，朱朱意识到自己的确错了，因而赶紧打电话真诚地向约翰道歉。约翰虽然表面上原谅了朱朱，但是对于这个不守时的朋友却不再那么热情了。

做人有时间观念，是对他人的尊重。一个不守时的人很难得到他人的尊重和友谊。守时也是一个女性应该具备的基本修养之一。为了培养出懂礼仪的孩子，也为了让孩子珍惜时间、珍惜生命，父母应该从小培养他们的时间观念。

此外，很多人因为不守时，错过很多重要的机会，不得不说这是人生的莫大损失。所以培养孩子的时间观念，让孩子做人做事不再拖延、磨蹭，对于孩子的成长至关重要。

命运对于每个人都是公平的，没有人知道自己的生命会延续多长时间。那么我们如何才能帮孩子建立时间观念，从而有效把控时间，戒掉拖延的毛病呢？

　　在教育孩子的过程中，很多父母都为孩子的拖延症感到抓狂。尤其是很多父母在一边工作，一边照顾孩子的情况下，哪怕自己都已经急得火烧眉毛了，孩子却依然无动于衷。其实，在教育女孩时，要想让女孩不拖延，就要帮助女孩建立时间观念，让女孩意识到生命的可贵，认识到时间是转瞬即逝的，同时充实和丰富女孩的心灵，激发她们在有限的时间内完成更多事情的愿望，这样一来，女孩就会摆脱拖延症，做事就会变得更有效率。

第69招

早睡早起，让女孩拥有健康的身体

现代社会很多人都养成了不好的生活习惯，他们晚上或者忙着加班，或者去酒吧狂欢，或者和朋友相约聚餐，直到凌晨都不回家休息。到了早晨，又因为休息时间太短，很难按时起床。如此恶性循环下去，成年人的生活作息和生物钟完全被打乱，身体也会处于亚健康状态。在这样的家庭中生活的孩子，自然也会受到父母的影响，很难形成早睡早起的好习惯。

在教养孩子的过程中，除了要为孩子提供充裕的物质条件和良好的学习条件之外，父母也要培养孩子良好的作息习惯，让他们拥有健康的身体。

"一年之计在于春，一日之计在于晨。"妈妈经常用这句话督促梦然养成早睡早起的好习惯。但是，爸爸由于工作的原因，经常到半夜才回家，这严重影响了梦然的休息。梦然有时候会等到爸爸回家后才肯去睡觉，有时即使躺在床上已经睡着了，梦然还是会被爸爸晚归的动静吵醒，醒了之后就兴奋得要爸爸抱抱。因为睡眠不足，梦然的学习效率不高，做什么事情都提不起精神来，学习成绩也不断下滑。

爸爸意识到问题的严重性，决定帮助梦然养成早睡早起的好习惯。于是爸爸推掉了很多不必要的应酬，每天都在晚上八点前回家。有时候遇到推不掉的工作和应酬而导致晚归，爸爸也会在回来时小心翼翼地尽量不出声响。

　　就这样，在妈妈的监督和爸爸的配合下，梦然每天都能保证有10个小时的睡眠时间。睡眠好了，精神就好了，学习效率也提高了，学习成绩也逐渐有了进步。

　　孩子的身体正处于发育阶段，为了拥有健康的体魄，保持清醒的头脑，一定要避免熬夜。很多父母除了正常的学校学习之外，还不忘在课外给孩子报名参加各种各样的补习班，导致孩子学习任务加重，压力倍增，甚至剥夺了孩子的睡眠时间。不得不说，这是舍本逐末的行为，非但不能提高孩子的学习成绩，甚至会扰乱孩子的作息规律，导致孩子学习成绩下降。

　　很多父母觉得只要给孩子吃得好，就能长得更加强壮。殊不知，孩子长身体时一则靠摄入营养物质，二则也需要充足的睡眠。孩子哪怕吃得再好，如果休息不好，体质也会变差。所以，在教育女孩的过程中，一边给女孩补充营养，一边透支女孩的睡眠时间来让女孩学习，真是得不偿失。

第70招

给女孩一点时间，让她自己做主

在成长的过程中，孩子难免会因为遇到各种各样的状况而产生困惑，又因为缺乏解决相关问题的经验而感到迷惘，不知道自己应该如何应对和解决。对于孩子而言，因为从小受到父母用心的爱与呵护，所以他们在开始独立面对一切之初，会感到更加艰难。

孩子的成长过程实际上是非常慢的，很多父母对于孩子都没有足够的耐心。他们往往因为孩子不能第一时间做出反应而感到着急，甚至有些父母还会急不可耐地代替孩子做出选择或者帮其处理问题。殊不知，这样一而再，再而三的代劳，只会使孩子更加缺乏自信，无法面对人生的风雨泥泞。因此，在教育女孩的过程中，只要父母多一些耐心，多给女孩一些时间，让女孩通过独立思考，凭借自己的力量解决问题，那么女孩就会渐渐成长，最终能够独自处理好问题。

周末，茉莉拿出一张纸给妈妈看。原来，纸上是学校的兴趣班列表，老师要求孩子们选择一项兴趣班报名。当然，这并非是无偿的兴趣班学习，而是需要父母交学费的。为此，茉莉和以往一样，根本没有思考自己要报名参加什么兴趣班，而是直接把这张通知拿给妈妈看，让妈妈拿主意。

妈妈正准备帮茉莉选择一个兴趣班报名时，爸爸突然制止了妈妈，然后告诉茉莉："茉莉，你应该自己选择兴趣班，你选择你喜欢的就好。要记住，只有你喜欢，你才能学得好，所以不要因为父母影响自己的选择。"

听了爸爸的话，茉莉这才认真地看通知上列举的兴趣班，她既想学舞蹈，又想学唱歌，但是只能选择其中一项。为此，她有些犹豫不决。正当此时，妈妈又想代替茉莉做决定，直接签字认可，但是爸爸告诉妈妈："给她一点儿时间，让她自己选择，否则她下次遇到这样的情况还是不知所措。她需要学会对自己负责了。"

妈妈觉得爸爸说的话有道理，因而没有强求茉莉迅速做出选择。

最终，茉莉在仔细思考之后，决定学习舞蹈。而且，茉莉还把自己取舍的过程讲给父母听，她的分析真的头头是道呢！

孩子当然要学会自主选择，但是他们从出生开始的自主选择都带着本能，只有在不断长大之后，才会有意识地做出选择。很多时候孩子不知道如何选择，因而只能不停地犹豫纠结。在这种情况下，父母也许可以帮助孩子分析利弊，权衡取舍，但是绝不要代替孩子做出选择。

明智的父母在孩子面对选择而迟疑不定时，不会催促孩子，更不会迫不及待地剥夺孩子选择的权利。因为他们知道，唯有给孩子更多选择和历练的机会，给他们一点思考的时间，孩子才会越来越精于做选择，才能真正赢得人生的主动权。

第八章

改掉坏习惯，让女孩成为
人见人爱的小天使

在成长的过程中，孩子会受形形色色的负面
影响，再加上自身缺乏自制力，自我认知不够客
观，意志不够坚定，很容易就会养成一些坏习
惯。那么，想要孩子今后有所成就，就要努
力帮助他们养成好习惯，与此同时还要
竭力改掉坏习惯。当然，习惯的养
成需要漫长的过程，习惯的戒
除同样需要时间。

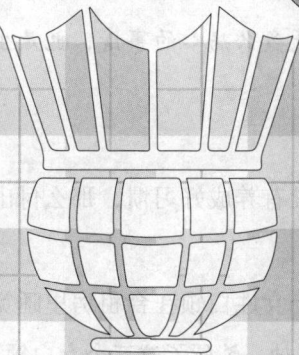

第71招

好习惯成就好未来

习惯决定命运，的确，好的习惯一旦养成就会使人受益终身。因而，在教养女孩的过程中，除了给女孩提供各种物质和学习的便利条件之外，也要帮助女孩养成良好的生活和学习习惯，从而让女孩在人生路上有好习惯助力，更加顺遂如意。

2017年夏季，一个留学在国外的中国女孩，在失踪多天后发现被害。对于远在国内的父母而言，这是多么痛心的事情，也是生命无法承受之重。然而，此时后悔已经于事无补了。

在安全意识方面如果没有养成好习惯，那么付出的必然是生命的代价，恰恰这个代价是无法挽回的。

有报道说，曾经有三个女性白领在合租房里睡觉之前，忘记关好窗户，导致有男性见财起意，入室抢劫，杀死了这三个女白领。

如果这三个女孩能够在睡觉之前检查一下门窗是否关严，就有可能规避悲剧的发生。所以，在教女孩养成良好习惯时，父母首先要关注的不仅是女孩的学习习惯，更是要能够以最大限度地保全自身安全的习惯。毕竟人生的机会不可重来，生命对于每个人都只有一次，失去生命的惨痛教训是任何人、任何家庭都承受不来的。

　　生活中很多琐碎的事情都能够帮助孩子养成好习惯。但是要知道，好习惯也并非形成于一朝一夕之间。比如，很多孩子喜欢看书，这也许是因为父母经常买书、报纸回到家中，孩子从小到大受到耳濡目染的影响；再如，有些孩子很爱干净，整个人看起来清清爽爽的，也许是因为父母平时就把家里打扫得很干净，并且让孩子加入到家务劳动中，让孩子不自觉间就有了整理和清洁的意识。

第72招

女孩爱撒谎，父母要及时纠正

对于撒谎这件事情，很多父母都会神经过敏，觉得孩子一旦撒谎就是品质上的问题。实际上，心理学家经过研究发现很多成人每天也会撒谎，而且撒谎的次数还不少呢！

说到这里，成人当然会为自己辩解，说自己撒谎是善意的。实际上，孩子撒谎也未必都是恶意的。

曾经有心理学家提出，孩子渐渐长大的过程，也是从诚实走向撒谎的过程。还有些心理学家说，孩子之所以会撒谎，是因为他们的智商越来越高，也就是人们常说的"孩子心眼变多"了。

因此，对于孩子无关紧要的撒谎，父母没有必要过于紧张，适当纠正就好。不要让孩子因为父母的反应过度而导致自身撒谎的行为得到强化。

妙语已经上小学一年级了，她活泼可爱，深受家人宠爱。可是有一件事却让父母感到非常头疼，就是妙语越来越喜欢撒谎了。

这天，妙语放学回家就直接坐到沙发前，自己打开电视机开始看电视。妈妈对此非常吃惊，问妙语说："怎么不先写作业呢？"

妙语支支吾吾地回答："今天老师没有留作业。"

妈妈知道妙语在撒谎，因为家长和老师有一个交流群，老师特意在群里叮嘱各位家长，说今天的作业有些难度，希望各位家长协助孩子一起完成。妈妈气得不得了，但训斥的话在脑子里过了一遍没有说出口。

妈妈冷静下来，暗示妙语她已经知道老师留作业的事了，妙语顿时羞愧地低下了头。妈妈见妙语沉默不语，于是心平气和地问她："妙语，你为什么要说老师没有留作业呢？"

妙语小声地回答："我不是故意撒谎的，我只是太着急看动画片了，今天是最后一集了。"

妈妈听完妙语的解释，说道："你已经是小学生了，应该学会对自己负责，咱们不是约定好，放学之后先写作业再看电视的吗？再说了，如果真的有特殊情况，你可以和妈妈商量，但是不能撒谎，知道吗？妈妈希望妙语是个诚实的好孩子。"

妙语听了妈妈的话，立刻向妈妈保证再也不撒谎了，并且主动把电视关掉，回到房间写作业去了。

就像作用力总是会产生反作用力一样，如果父母对于孩子撒谎的事情反应过激，那么很有可能激起孩子的逆反心理，导致孩子的撒谎行为变得更加严重。因此，要想从根本上解决孩子撒谎的问题，父母就要对症下药，弄清楚孩子撒谎的原因。

有的时候，孩子是因为害怕被父母批评而撒谎，在这种情况下，父母就要反省自己的教养方式是否过于严厉，导致孩子不敢以正常方式与父母进行沟通。还有的孩子因为做错了事情，自知理亏，因而撒谎掩盖真相。这个时候，父母就更不能严厉了，否则只会使他们更加害怕和退缩。

其实，父母只要引导孩子接受事实、勇敢面对，明白真相并不可怕，从而增强孩子的勇气和责任心，孩子撒谎的情况就会大有改观。当然，并非所有的谎言都是善意的。如果撒谎涉及孩子的道德品质问题，那么父母的确要严肃认真对待，帮助孩子从根本上改掉坏习惯。

在教养女孩的过程中，作为父母，我们的确会面对很多突发的情况，其中女孩撒谎就是最让父母情绪失控和措手不及的一项。在帮助女孩纠正撒谎行动时，无论谎言严重与否。父母首先一定要控制好自己的情绪，保持心平气和的心态。和男孩比，女孩的内心是更脆弱的，如果父母以过于严厉和愤怒的态度教训女孩，只会使女孩更加害怕，更加不敢开诚布公地和父母说出自己的真实想法。父母也许能逞一时之快，但教育的结果只能是失败的。

第73招

女孩爱发脾气，父母要保持平常心

　　许多天生娇弱的女孩从小就被家人像公主一样对待，得到全家人的宠爱，于是家人也逐渐养成了她们的"公主病"，甚至骄纵任性，总是动不动就发脾气。那么，对于情绪暴躁、歇斯底里的女孩，父母应该怎么办呢？

　　父母首先要知道，任何孩子的坏脾气不是几天就养成的，而是在父母的长期宠溺下形成的，所以父母不能把所有责任都推到孩子身上，而是应该首先进行自我反省，认识到自己在教养的过程中犯下的错误。

　　很多父母一看到女孩发脾气时，马上就慌了神，甚至对于女孩的无理要求也全盘接受。殊不知哪怕是刚上幼儿园的小女孩，也能够看明白父母的软肋，"逼迫"父母就犯。因而父母要想改变女孩的坏脾气，首先要狠下心来，在女孩发脾气的时候做到视若无睹。千万不要一看到女孩掉眼泪、撒泼耍赖，就马上投降，否则只会前功尽弃。女孩的脾气之所以愈演愈烈，是因为她们把发脾气当成了降服父母的撒手锏。当这个撒手锏完全失去效力，她们就会放弃了。所以面对女孩的哭泣和吵闹，父母千万要保持平常心，心平气和地等待女孩自己恢复平静。

　　面对这些情况，还有些父母从来不给孩子时间和空间冷静自己。当孩子情绪冲动时，大部分父母通常会在第一时间做孩子的思想工作，根本想不到让孩子独处一会儿。实际上每个人都需要独处的空间，女孩也是如此。很多时候女孩情绪冲动未必代表她需要父母的安抚，假如父母能够躲得远远的，不要打扰她，相信孩子在经过一段时间的自我冷静和思考之后，会意识到问题的严重性，从而理清思路，理解和体谅父母。

父母千万不要把女孩养成刁蛮的小公主，因为她们终有一天要长大，离开安逸的城堡，独自走到外面的世界去。她们不可能永远像在家里一样被所有人包容和簇拥。明智的父母会教会女孩控制自己的情绪，友好宽容地与他人相处，这样的女孩才能得到他人的欢迎，社交生活也会更加顺利。

第74招

女孩不爱卫生，父母要专门教导

现在社会有很多孩子都只顾着学习，俨然成了高分低能的"书呆子"，有很多孩子别说打扫和收拾自己的房间了，连自己的个人卫生都搞不好。连自己都照顾不好，那么考再高的分数又有什么用呢？不得不说，父母面面俱到的照顾方式是抹杀孩子自理能力的主要原因。

在教养女孩的过程中，父母一定要注意，别忘了教导女孩注意个人卫生，保持房间干净整洁。只有这样，女孩才能成为人见人爱的小公主。

小曼已经上小学六年级了，但是她的个人卫生习惯很差。相比于其他爱干净的女孩，小曼总是显得邋里邋遢的。为此妈妈常常说她不像个女孩，更像个男孩。

六年级的小曼身体发育情况很好，迎来了初潮。妈妈发现后，给她讲解了很多关于初潮的知识，尤其叮嘱她要注意个人卫生。然而，小曼还是很贪玩，课间忘记换卫生巾，导致外裤都被弄脏了，妈妈接到小曼的电话，急忙到学校接她回家处理。路上，妈妈说小曼太不爱干净，小曼却不以为意。

回到家，经过一番忙碌，小曼在妈妈的帮助下虽然重新变得干干净净了，但是妈妈很担心，怕小曼再犯同样的错误。妈妈对小曼说："小曼，有了初潮，你就从小女孩变成真正的大姑娘了。你要对自己这方面的卫生和健康负责啊！

你想想，如果你再把裤子弄脏了，万一被男同学看到，那该多尴尬啊！而且现在天气炎热，你如果不及时更换卫生巾，就会有难闻的气味，这样同学们还会愿意和你一起玩吗？"

妈妈的话让小曼意识到了问题的严重性，但是一下子改变也不太可能。所以妈妈在此后的日子里总是提醒小曼，也不再凡事都为小曼包办，而是循序渐进地培养她的卫生习惯。渐渐地，小曼的个人卫生习惯有了很大的改观。

相比男孩，女孩的"麻烦事"比较多，也就更需要讲究个人卫生。所以作为女孩的妈妈，必然要比男孩的妈妈更为费心，才能帮助女孩养成良好的个人卫生习惯。

当然，好习惯不是一两天就能养成的，作为父母，尤其是妈妈，一定要有足够的耐心，一点一滴地教会女孩具体的处理方法，千万不要因为嫌麻烦、嫌累就偷懒不教。要知道，好习惯一旦养成，将会让女儿终身受益，相信妈妈暂时辛苦的付出和叮咛，必然会得到回报。

第75招

女孩看电视毫无节制，父母要有所限制

随着信息时代的发展，电子产品越来越普及，孩子从一两岁就开始看动画片，随着年岁增长，很多孩子喜欢看电视，尤其是很多女孩爱上了言情片，甚至沉迷于青春偶像剧里不能自拔。其实，这种无节制地看电视，对孩子的身心发育是不利的。曾经有心理学家研究发现，人在看电视时，脑电波非常不活跃，甚至和睡眠时的脑电波差不多。由此可以证实，看电视对于锻炼孩子的大脑活跃度没有好处。

然而，正因为看电视是轻松愉悦、不费脑筋的，所以很多孩子，尤其是女孩才会喜欢看电视。女孩沉迷于看电视，不但会浪费宝贵的学习时间，而且由于我国尚未采取电视节目分级制度，很多节目对于孩子会起到误导作用。那么，如果女孩非常迷恋看电视，而且看电视时毫无节制，该怎么办呢？

除了强制规定女孩的学习时间和限制女孩看电视的时间外，更好的方法是营造良好的家庭氛围，父母自己要给女孩树立榜样。比如，有的父母本身就很喜欢看电视，自己天天坐在客厅里看电视，却要求女孩一回到家就要进入自己的房间写作业。这样一来，女孩听着隐约传来的电视声音，如何能够做到专心致志呢？

通常情况下，喜欢看书的女孩都不太喜欢看电视，因为看书可以激发孩子的想象力，还会让孩子的表达、逻辑能力有大幅的提高。如果说书籍是一道大

餐，那么看电视就是一道快餐，在大餐和快餐之间，相信大多数人都会做出理智的选择吧！也就是说，家长可以通过培养女孩爱读书的习惯，从而让女孩远离电视。

假如为人父母的你也能捧起书看一看，给女孩树立榜样，自然能够激励女孩努力认真地读书而非看电视。

同时，父母还可以引导女孩做更多有意义的事情，诸如，当全家人都有闲暇时，与其一起坐在电视机前消磨时间，不如做一些好玩的游戏，不但可以益智，也可以增进全家人的感情。

此外，去郊外远足，亲近大自然，或者通过爬山、跑步等方式锻炼身体，都是很好的选择。只要父母有心，做出巧妙的安排，完全可以教女孩远离电视，做一些更加有利于身心健康的事。

值得提醒的是，父母还要帮助女孩树立正确的世界观、人生观，让女孩认识到唯有努力学习，长大之后才能拥有自由的生活，才能看到比电视更精彩的美丽景观。这样一来，女孩为了人生目标而奋斗的动力就会更强，自然也就会远离电视了。

不过，凡事皆有度，如果女孩只是适当看会儿电视休息和放松自己，父母完全没有必要大惊小怪，也无须制止。父母只有先尊重女孩，才能成功引导女孩，使女孩主动安排好自己的时间。

第76招

女孩厌食、偏食，父母要及时修正

孩子挑食是一个非常普遍的现象，原因是各种各样的，父母遗传、某些微量元素的缺乏，都有可能导致孩子挑食。然而，除了这些客观因素，有些孩子之所以偏食甚至厌食，多数时候是因为父母教养方式不当才让孩子养成了不好的饮食习惯。

嫣然是个非常漂亮的小女孩，古灵精怪的模样，很招人喜欢。但是随着年龄的增长，小时候食欲很好的嫣然，现在越来越挑食了，这让妈妈很苦恼。看着原本健康的女儿变得很瘦弱，妈妈更是心急如焚。不过，嫣然平日里是和爷爷奶奶一起生活的，只有到了周末才会回到父母身边。所以妈妈尽管着急，也不好意思叮嘱奶奶要给嫣然多吃点儿，否则奶奶该伤心了。

一个周末，妈妈发现嫣然挑食的问题已经发展得很严重了。妈妈煮了番茄鸡蛋面，还放了芝麻油，对于这碗香喷喷的面条，嫣然嘴巴一撇，表现出毫无食欲的样子。

后来把嫣然送回爷爷奶奶家，妈妈说起这件事情时，奶奶说："哎，她不爱吃菜，我都是给她做酱油面的。"

妈妈纳闷地问："什么叫酱油面？"

奶奶回答："我煮白水面，然后放入酱油和醋、糖，给她拌面。"

妈妈听完非常惊讶："您一直都这么给她吃？"

奶奶点点头，说："是啊，不然她就不吃。"

妈妈这才恍然大悟，当即告诉嫣然奶奶："妈，以后您不要顺着她了，孩子不吃菜怎么行呢？您还是正常做面吧，如果她不吃，您就饿着她，等到饿了，她自然就吃了。否则您总是给她吃酱油面，她只会越来越偏食，越来越不爱吃菜。"奶奶尽管不忍心拒绝嫣然的要求，但考虑到嫣然的健康问题只好照做。出乎奶奶的预料，嫣然在饿了几顿之后，突然对一切饭菜都吃得很香，挑食的情况也改善了很多。

后来，奶奶总是以"饿"的方法对付嫣然挑食的毛病。而嫣然呢，在饿的状态下勉为其难地接受了好几种不爱吃的菜与肉之后，居然也心甘情愿地吃了起来。没过几个月，嫣然的小脸颊就胖起来了。看到圆润可爱的宝贝又回来了，妈妈高兴极了，奶奶也觉得很欣慰。

父母或者爷爷奶奶，千万不要在孩子对某种食物表现出不感兴趣之后，就再也不给孩子吃那种食物，否则就会助长孩子偏食的坏习惯，长此以往，会使孩子营养摄入不够全面，导致孩子越来越偏食。

正如案例中嫣然妈妈说的，其实"饿"就是一种办法，能够帮助孩子对某种食物从不接受转变为喜欢。因而，作为家长，不要再心疼偏食的孩子挨饿了，也许饿了一两顿之后，他们就会什么都吃，变得强壮起来呢！当然，家长在教育孩子时，不必要求孩子必须吃所有食物，对于有特殊气味或者孩子实在讨厌的食物，也可以允许孩子不喜欢吃，只要孩子摄入的营养物质足够全面就可以了。

第77招

女孩不爱惜物品，父母要积极引导

相比于曾经缺衣少食的我们，现在的孩子大多已经不再缺乏物质上的爱，甚至很多孩子拥有的远远超过他们需要的，不仅是孩子的父母，家里的长辈也都尽量满足"小公主""小王子"的物质要求。但是与此同时，很多孩子也都形成了一个不好的习惯，那就是不爱惜东西。

有些家长受到女孩要"富养"的观念影响，认为既然家里经济条件允许，浪费也没关系。然而，如果说孩子小的时候还能集万千宠爱于一身，那么随着她们年龄的增长，父母和祖辈都已经老去，孩子早晚要靠自己扛起人生的重任，独自面对生活，而且还有可能要肩负起家庭的责任。在这种情况下，孩子还能够继续不管不顾地不爱惜东西吗？因此，父母不要等到一切为时已晚才后悔，在教养孩子时，应该帮助他们从小就养成勤俭节约的好习惯。

当然，养成勤俭节约的好习惯不是让孩子物质严重匮乏，而是让他们对自己的生活有一个规划，让他们从小就知道一切东西都来之不易。具体来讲，在教育女孩时，我们不仅要教导女孩爱惜粮食，更要让她们爱惜凝聚着人类智慧与劳动的每一件东西。感恩、珍惜，这是每个优秀女孩应该具备的品质。另外，家长还要告诫女孩，有些东西简单即是美，朴素才最真，而不要一味追求华美和奢侈。

当然，要想让女孩一下子学会爱惜东西是很难的，她们要么因为从小已经形成浪费的坏习惯，要么因为没有品尝过生活的艰辛，所以尽管父母苦心劝导，她们总是不懂得珍惜。因此，父母在教育时要讲究技巧和方法，可以让孩子观看一些关于生产劳作的纪录片，或者带孩子亲自参观，甚至教女孩动手尝试缝衣、种菜，让她们亲身体会每一样东西的来之不易。只有内心受到震撼和感动，女孩才能真正学会珍惜。

第78招

女孩喜欢赖床，父母要先搞清原因

相信家长们都有过这样的体会，在孩子上学的日子里，早晨并非我们想象中的那么美好。相反，很多个早晨是从忙乱，甚至是从愤怒开始的。妈妈们总是显得异常忙碌。在每一个时间紧迫的早晨，她们总是奢望孩子听到她们呼唤的第一时间就能起床，好让时间充裕一些。遗憾的是，几乎所有孩子都喜欢赖床。有的时候孩子即使已经醒来了，也会继续在床上惬意地躺着，任由妈妈的"河东狮吼"在耳边不停回响。

假如女儿喜欢赖床，家长们会怎么办呢？有的爸爸会在寒冷的冬天里，突然用冷冰冰的大手捏住女儿的鼻子，也有的爸爸会用温暖的大手故意挠女儿的痒痒。妈妈的方式则显得非常直接，总是直截了当地呼喊起床，如果呼唤女儿好几次，女儿还躺在床上按兵不动，那么妈妈温柔的呼喊也许马上就会变为严厉的斥责，导致女儿从睡梦中得到的甜蜜感全都消失不见了。总而言之，父母对待赖床的女孩总是招式百出，但是效果就因人而异了。

然而，随着课业压力的不断加重，女孩喜欢赖床也许不是在撒娇，而是因为身体的确很疲劳。要想彻底解决孩子赖床的问题，父母就要具体分析女孩赖床的原因，和女孩一起想办法解决赖床的问题。如果女孩是因为前一天入睡太晚而导致第二天起不来时，那么父母可以督促女孩早些完成作业，晚上早点上床睡觉。要知道，睡眠就如同吃饭一样，吃饱了自然不想再吃，只要孩子睡到自然醒，或者睡眠时间已经满足孩子的睡眠需求，孩子起床自然会变得容易很多。

如果女孩是因为撒娇而赖床，那么父母不妨想办法了解女孩撒娇的其他需求，以多样化的方式唤醒女孩起床。相信女孩在父母的疼爱中，一定会带着甜蜜的心情起床，一整天都拥有好心情。当然，有些女孩赖床是因为磨蹭，是典型的慢性子，在这种情况下，假如父母多次管教无果，那么不如和老师"串通"好，让女孩迟到几次，再让老师严肃批评一下她们。这样一来，女孩为了不被批评，也就不会继续赖床了。

总而言之，女孩赖床的原因各不相同，父母唯有找到真正的原因所在，才能帮助女孩改变赖床的习惯。当然，对于工作日始终辛苦学习的女孩，如果是在周末不需要早起的时候，父母要适当允许她们赖一下床。

第79招

女孩自私自利，父母应先学会自省

如今，很多女孩都是独生女，她们当中有不少人养成了以自我为中心的性格，考虑问题都只会从自身出发，丝毫不懂得顾及别人的感受。即使年纪已经不小了，她们依然骄纵任性，自私自利。

这些女孩的父母常常感到焦虑、痛心，却不知道女孩的自私自利并非天生的。所以对于那些自私自利的女孩，甚至是闯祸不断的女孩，作为家长的我们不能一味地将责任推给她们，而是要从自己身上寻找原因。

曾经有位母亲在知道孩子偷东西之后，非但没有批评孩子，反而还表扬孩子做得好，为家里省钱了。就这样，在母亲的纵容下，孩子越偷越大胆，最终酿成锒铛入狱的悲剧。孩子回顾自己的成长经历，对母亲恨之入骨，因为母亲的赞许和认可，打开了他内心贪婪无度的大门。同样的，女孩如果自私自利，和父母的骄纵是分不开的。

那么，当女孩自私自利时，父母应该怎么办呢？

常言道，江山易改，本性难移。如果女孩的性格本身就比较自私，那么父母就应该积极引导女孩站在别人的角度考虑问题，循序渐进地改正女孩自私自利的坏毛病。如果女孩是受了父母不好的影响，才变得斤斤计较，那么父母就应该先发现自己身上的问题并加以改正，以身作则，给她们树立一个良好的榜样。试问，如果父母本身就是不懂得分享、特别自我的人，那么平时耳濡目染的女孩又怎能改得了自私的坏毛病呢？另外，父母还可以经常做一些帮助他人的举动来感染女孩，让她们从帮助他人的行为中感受到快乐和满足。

人是感性动物，很多时候人与人之间的情感并非能够简单衡量，更不能以金钱或者利益来衡量。父母要帮助女孩树立正确的人生观和价值观，要让女孩知道，人生的意义远远不止我们看到的和认识到的这些，有的时候为了理想和信仰，为了所爱的人和国家，我们必须身先士卒，甘于奉献。当然，在和平年代里，要为祖国献身的机会很少，尤其是作为普通人，我们所要负责的就是把自己的生活经营好，让自己以及自己的家庭，成为社会的稳定因子。总的来说，只有心怀感恩，女孩才会意识到自己需要回报于人，从而不再自私自利。

第80招

女孩不做作业，父母应先找到原因

随着孩子年龄的增长，会有越来越多令父母头疼的事。其中最让父母头疼的是孩子学习不认真，对于老师布置的作业总是草草了事或者不按时完成。因而父母哪怕再忙，也要听从老师的召唤赶到学校，和老师进行一场"教子研讨会"。毕竟老师一个人要管理全班几十名同学，时间和精力终归有限，也就只能给孩子的父母反映情况，让父母配合老师督促孩子学习。

如果是男孩不写作业，父母回家之后会狠批一通，但是如果是女孩不做作业，又该怎么办呢？面对眼前这个从小就在自己疼爱中长大的小公主，妈妈张不开口去骂，爸爸更抬不起手去打。每当这时父母就会很无奈。难道女孩不做作业就真的无计可施了吗？

要想解决女孩不做作业的问题，一定要找到问题的根源。比如，有些女孩是因为作业太多，而书写速度太慢。面对这种情况，父母一来要引导女孩进行合理的统筹安排，二来要帮助女孩提升书写速度。现在有很多练字班，可以帮助女孩把字写得又快又好，父母如果没有足够的时间或能力承担起这个艰巨的任务，那么就可以为女孩报名参加写字提速班。

又如，有的女孩不做作业是因为题目不会做。这时，父母就要具体了解女孩是在学习中的哪个环节出了问题，哪些知识点是她薄弱的地方。比如，有的女孩数理逻辑差，有的女孩对空间图形不敏感，有的女孩不懂得举一反三。总之，父母要找出女孩在学习中的难处和弱势，有针对性地进行辅导，有必要的话可以专门报一门补习班。

但是还有一种情况，即女孩不做作业的根本原因就是厌学或是懒惰。在这种情况下，父母就必须想办法激发女孩的学习热情，用现实中的例子鞭策一下，帮助她们找到学习的动力。

就像医生看病要对症下药一样，父母教育女孩也同样要有的放矢。如果不知道女孩不做作业的原因出在哪里，就盲目对女孩提出要求，只会使事情变得更加糟糕。明智的父母不会胡乱管教女孩，更不会在不了解情况的时候就处罚女孩。相反，他们会付出足够的耐心，给女孩足够的爱和沟通，解开女孩的心结，让女孩积极主动地做作业。

第九章

不急不慌，帮女孩顺利
度过叛逆期

孩子成长的过程就是与父母渐行渐远的过程。叛逆正是孩子摆脱对父母的依赖、逐渐形成独立人格的表现。父母只有不慌不忙地帮助孩子顺利度过叛逆期，才能帮助他们更加健康快乐地成长。

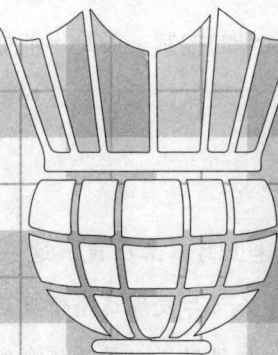

第81招

帮助不是控制，要尊重孩子的人格

有些父母存在一种错误的观点，觉得自己生养了孩子，就有权利安排孩子的一切。实际上，父母与孩子在人格上是完全平等的，父母千万不要以为自己可以主宰孩子的一切。孩子和父母都有自己的人生，父母不应该把自己对人生的期望或者未完成的梦想强加在孩子身上。相反，父母所要做的是帮助和引导孩子。父母唯有尊重孩子的人格，才能真正做到与孩子亲密融洽地相处，避免引起孩子的叛逆和反抗。

记住，帮助不是控制。父母的控制一般是不能如愿以偿的，因为孩子在自我意识觉醒之后，就会竭尽所能地反抗父母。这样就容易导致亲子关系紧张甚至恶化。

正在读初中的妍妍最近迷上写网络小说。这一爱好使学习成绩原本就处于班级中等水平的妍妍退步了。父母发现这个情况后，对妍妍的监控更加严密了。妈妈经过多次"侦查"，如借助送水果的机会突然进入妍妍的房间，发现妍妍并没有在写作业，而是在电脑上偷偷地写小说。妈妈十分生气，毕竟妍妍已经读初二了，还有一年多就要考高中，写小说非但不能给她加分，反而会耽误她的学习。思来想去，妈妈决定没收妍妍房间里的电脑。

妍妍对妈妈的做法很抵触，因为写小说是她唯一的兴趣，而且她的小说在网上已经有很多粉丝了！因此，妈妈的做法非但没有让妍妍在学习成绩上有所提升，反而让妍妍因不能写小说而神情恍惚，对学习产生了抵触心理。

看到妍妍的状态，爸爸觉得妈妈的处理方法也许太过于粗暴了，因而和妈妈商量把电脑还给妍妍。当然，在此之前爸爸先和妍妍进行了沟通，约定妍妍只能在周末更新小说，而平时要专心学习。有了主动选择的权利之后，妍妍觉得自己受到尊重，因而对父母和学习也没有那么抗拒了。

没有人愿意被操纵，哪怕父母打着爱的旗号去控制孩子，也依然会被孩子抗拒。帮助孩子，要求父母在认真了解和尊重孩子的个人选择和内心感受的基础上，动之以情，晓之以理，引导孩子纠正错误的行为。在必要的时候，父母要向孩子做出一定的妥协，只要孩子能够完成分内的任务，整体上不出现偏差，让孩子保留一些个人的兴趣和特色，又有何不可呢？

对于女孩而言，她们会因为得到父母的平等对待而变得更加信赖父母，更加愿意听从父母的教诲。因此，父母更要意识到这一点。此外，当女孩得到自主权的时候，她们也会渐渐成长，变得越来越独立。

第82招

第一叛逆期：女孩自我意识的萌发

　　婴儿从脱离母体的那一刻开始，已经成为一个独立的个体，即便他们还要依赖父母的照顾才能成长。随着不断地成长，孩子到三岁左右，自我意识就非常强烈了。

　　遗憾的是，很多父母不了解孩子的心理发育特点，因而无法理解孩子的心理，更不懂孩子的各种表现。可以说，为人父母是这个世界上最伟大而艰巨的职业，父母需要了解方方面面的知识，才能最大限度地打开自己的思路，理解孩子成长过程中的各种现象和改变。

　　当妈妈对小璐的印象还停留在自己怀抱中的那个温柔香软的小婴儿时，小璐已经长大了。三岁的她开始挣脱妈妈的怀抱，抵触妈妈牵着她的手，喜欢一个人自由自在地跑来跑去。妈妈不再需要整日抱着她，轻松了许多，心中反而有小小的失落。

　　一天，妈妈带着小璐去小区的公园里玩。当时，正好有个两岁多的小女孩也在玩，妈妈告诉小璐："那是小妹妹，你是小姐姐，你和小妹妹一起玩吧。"

　　小璐听到妈妈的话，突然大发脾气，怒喊道："我不是小姐姐，我是周小璐，不是小姐姐！"

　　听到小璐的话，妈妈有些不好意思地对小妹妹的奶奶笑笑，又对小璐解释："你是周小璐，但是你比那个小妹妹大，所以你也是小姐姐。"

小璐更生气了，再三强调："我是周小璐，周小璐！"

无奈，妈妈只好承认："是的是的，你是周小璐。"

听到妈妈这么说，小璐才稍微平静一些。在接下来的一段时间里，妈妈又好几次听到小璐说"我是周小璐"，不由得觉得很有趣。三岁的小璐，只愿意当周小璐，不愿意当其他任何人。

三岁的周小璐已经萌发了自我意识，而且对自己的身份有了准确清晰的定位。正因如此，她才不愿意成为任何人，哪怕是姐姐。在这个时期，父母应该更加尊重眼前的这个小人儿，承认她已经成为独立的个体。唯有如此，才能满足小人儿自我意识觉醒的需要，更好地帮助她成长。

孩子每天都在成长和变化，他们不但身体越来越强壮，心理也在飞速发展。如今二胎政策放开，很多家庭都选择再要一个孩子。细心的父母也许会发现，三四岁的孩子最不愿意再要弟弟或者妹妹，即使勉强答应父母再要一个孩子，也是选择和自己性别不同的，其实，这也是孩子自我意识觉醒的表现。相应的，父母在教育女孩时，也要意识到这个问题的存在。

第83招

第二叛逆期：女儿已经长成小大人了

经过自我意识觉醒和发展的时期，孩子会进入第二个叛逆期。这时期的孩子满脑子想的都是"我已经长大了"，他们对于自己在家庭生活中的地位有了要求，希望自己作为一个大人参与家庭事务，而不愿意父母再把自己当成小孩子，不愿意大人什么事情都瞒着自己，或者大人认为自己不能发表任何意见。

了解了这一点，父母在教育女孩时，为了满足女孩在此期间的心理需求，父母应该把女孩当成平等的家庭成员对待。大多数父母每当有重要事情的时候，总是认为无须告诉孩子，只要双方商量决定即可。实际上，孩子往往比父母想象中更强大，更有想法。很多事情父母如果能够及时告知孩子，甚至听取孩子的意见，孩子作为家庭小主人的意识会极大增强，责任心也会得到发展。在这样的家庭氛围中长大的孩子才会更有担当。

除了要求参与家庭事务，孩子也会强烈地想要得到父母的尊重和认可。偏偏很多父母觉得孩子年纪还小，因而无法平等对待他们。如果孩子犯了错，父母会高高在上地揪着孩子的错误，要求孩子主动认错，改正错误。但是如果父母自己犯了错，却完全是另一个标准，觉得自己根本没有必要向孩子道歉。这无异于"宽以待己，严以待人"。同在一个屋檐下生活，却受到父母不公正的对待，可想而知孩子心里会多么不平衡。长此以往，孩子必然会变得愤愤不平，也会对父母更加排斥和抗拒。这不利于亲子关系发展，更不利于家庭的和谐有序。

　　明智的父母会平等对待孩子，尤其是已经"长大"的孩子。父母犯了错误，也不会因为顾及自己的尊严而拒绝向孩子承认错误。其实，倘若父母能够主动向孩子认错，以身作则，给孩子做好表率，那么孩子就能够受到好的影响，在自己犯错时也能够主动认错，积极承担责任。

　　总而言之，良好的家庭氛围需要家庭成员的共同努力。当孩子渐渐长大，父母就不能再搞"一言堂"，不能凡事都由自己决定。要想培养具有独立人格的孩子，让孩子尊重和认可父母，父母就要"从我做起"，从点滴小事做起。

　　具体来讲，父母在对待处于第二叛逆期的女孩时，更要给予充分尊重。这个时期女孩的自尊心非常脆弱，心理需求也很强烈，因而父母要谨言慎行，为正处于敏感和脆弱时期的女孩创造良好的成长氛围，让女孩愉悦地成长。

第84招

第三叛逆期：美好的青春期

　　紧接着，孩子到了第三个叛逆期——青春期。也许父母曾经以为婴儿是最难照顾的，幼儿是最不听指挥的，但是当孩子到了青春期时，他们才发现青春期的孩子才是最让父母抓狂和无奈的。很多父母把孩子的青春期形容为"可怕的青春期"，因为此时的孩子已经成为"半个大人"了，拥有充分的自我意识和独立自主的想法，总是与父母的想法背道而驰，让父母觉得无所适从、手足无措。

　　樱桃十三岁了，正在读初一。她的学习成绩在班级处于中等水平，始终不上不下，让父母很是着急。最糟糕的是，樱桃还喜欢上了网络游戏。最近她整天想的就是打游戏，完全把学习抛之脑后。再加上樱桃自从进入青春期以来，对父母的唠叨和说教产生了严重的逆反心理。眼看原本就只能考上普通高中的樱桃学习成绩越来越差，父母十分焦虑，但始终找不到合适的办法帮她戒除网瘾。

　　在咨询了教育专家后，爸爸终于想出了一个好办法。他瞒着樱桃，利用业余时间也学会了打游戏，还勤学苦练，提高自己的游戏等级。后来，爸爸更是以普通网友的身份，和樱桃一起在网络上玩游戏。

　　就这样，爸爸居然和樱桃成了好朋友，玩得不亦乐乎。当然，爸爸为自己虚拟了一份简历，他告诉樱桃自己之所以游戏水平这么高，是因为自己大学时期学的就是游戏编程，还鼓励樱桃一定要认真学习，争取考上好大学。因为只要方法得当，哪怕玩游戏也是能够玩出名堂来的。

听了此话，樱桃突然学习动力大增，原来她的梦想就是成为一名游戏设计工程师。此外，爸爸还以网友的身份和樱桃约定，每个周末陪她玩半天的游戏。樱桃高兴极了，当即去找父母商量学习计划。原本妈妈是不同意樱桃用宝贵的半天时间玩游戏的，但是听到樱桃保证平日里一定好好学习，最终还是答应了。爸爸在心中暗自窃喜，因为他终于成功地引导女儿，使女儿的学习慢慢走向正轨。

现代社会，一些青少年沉迷于网络游戏而无法自拔，有些父母对孩子无计可施，只好把孩子送到戒除网瘾的特殊机构。但是，孩子的成长问题并非是花钱就能解决的，如果连父母都对孩子失去信心，那些不相干的陌生人又如何能把孩子教育好呢？

针对这种现象，父母唯有对孩子付出爱与尊重，才能让女孩迷途知返，所以父母即使再无奈，也不应该把正处于叛逆期的青少年交给陌生人或者没有保障的特殊机构去管束。

案例中的爸爸非常聪明，如果强制要求樱桃不要玩游戏，也许会起到相反的效果。他自己去请教教育专家，从而更加了解樱桃的心理，然后以陌生且平等的网友身份面对樱桃，顺利打开樱桃的心扉，也对樱桃起到正面引导的作用。其实，孩子的青春期并没有那么可怕，只要父母有足够的耐心与爱心，就能成功引导孩子顺利度过叛逆期，帮助孩子拥有美好的青春期。

第85招

不要随意窥探女孩的隐私

和男孩相比，女孩心思缜密，尤其是处于青春期的女孩，她们的心理更为敏感，感情也越发细腻，因而有很多不愿意被他人知道的秘密。遗憾的是，在教养女孩的过程中，有很多妈妈因为对女孩的世界过于好奇和担心，养成了偷看女孩日记的坏习惯。这么做其实是很不明智的，女孩再小也有隐私权，父母不应随意窥探。

很多妈妈自作聪明，以为只要旁敲侧击就能成功刺探"军情"。实际上青春期的女孩心思缜密，很容易就能"反侦察"。妈妈如果一味地打探女孩的小秘密，反而会招致女孩的防备，甚至因此彻底对父母关闭自己的心扉。

要想真正打开女孩的心扉，走入女孩心里，父母最根本的做法就是像朋友一样信任女孩，与女孩平等相处，让女孩心甘情愿地向父母倾诉，甚至把父母当成自己的知心朋友。明智的父母会开诚布公地与女孩交谈，而不是偷窥或者玩心理博弈的游戏。否则，如果因为不尊重女孩的隐私而失去女孩信任，就得不偿失了。

自从冬雪开始读初中，妈妈整日都如临大敌，生怕正处于青春期的女儿犯错误，发生早恋，那样就会影响学习。有一次，妈妈无意间听到冬雪和一个男生打电话，因而装作漫不经心地问冬雪："雪儿，你们班级里有没有男生和女生关系比较好的？”

冬雪一开始还没上心，不以为意地对妈妈说：“有啊，有几个女生就和男孩一样，性格也很像男孩，所以和男生玩得特别好。”

妈妈警惕地说：“那你呢，你喜欢和男生相处，还是喜欢和女生相处？”

冬雪突然用质疑的眼神看着妈妈，不耐烦地说：“妈，你到底想问什么啊？你要是想问我是不是早恋了，就直截了当地问，不要遮遮掩掩的。”

妈妈当场被女儿识破，有些不好意思地说：“没有，没有，我只是关心你而已。”

冬雪可不迟钝，当即毫不客气地反驳道：“你要是真关心我，就问问我学习累不累。我就算和男生交往也没有什么不正常的啊，妈妈你不也有男同事吗？难道你和男同事从来都不说话？”妈妈被冬雪说得哑口无言。

没过几天，妈妈就发现冬雪把自己的笔记本锁到抽屉里了，而且很少再和她说起学校里的事情。

冬雪是个很敏感的女孩，对于妈妈旁敲侧击的询问，她一下子就知道了妈妈的用意。妈妈呢，原本是想打探冬雪的隐私的，反而让冬雪更加防范自己了。其实，就像冬雪所说的，青春期里男孩与女孩之间的日常交往是正常的，父母不能因为担心早恋问题就对孩子的异性正常社交严防死守。给予女孩一定的自由，让她拥有健康的社交活动，又有何不可呢？

人与人之间的尊重是相互的，父母唯有尊重和信任女孩，才能得到女孩的尊重与信任。

第86招

乖乖女开始说"不"，要满足她独立的需求

在养育女孩的过程中，很多父母已经习惯了对女孩的任何事情都统统包办，但是随着女孩的成长，很多父母发现，曾经的乖乖女变得叛逆起来。对于父母的代劳，原本持享受态度的她们，突然开始表现出抗拒的意识，甚至公然反对。这到底是为什么呢？

其实，女孩并非故意为之，而是因为她们越来越渴望独立。对于曾经由父母包办的事情，她们想要自己完成，从而享受那种自己把握和操控一切的感觉。这是女孩的独立意识开始觉醒的标志，父母要遵循女孩的成长规律，适当满足她们对于独立的需求。

父母要摆正心态，不再因为女孩说"不"而觉得倍受打击，或者心生遗憾。唯有坦然接受女孩的变化，父母才能帮助女孩更好地成长。

可儿两岁半之后，突然变得叛逆起来。她以前乖巧可爱、依赖父母，对父母言听计从，可是如今对父母的任何建议都非常抗拒，时常用强烈坚定的语气对父母说"不"，有的时候哪怕妈妈只是给她剥个橘子，都会遭到可儿的强烈反对。这让父母，尤其是妈妈觉得很不适应。

一天，可儿准备洗澡时，妈妈和往常一样给可儿脱衣服。衣服脱到一半，可儿突然大怒，喊道："我自己脱，自己脱！"说完，她居然很不熟练地把妈妈

脱掉一半的衣服穿上，然后又自己脱下。看着可儿这种古怪的行为，妈妈觉得很无奈。

周末时，从事幼儿教育工作的小姨来到家里做客，妈妈赶紧询问可儿小姨这到底是怎么了。可儿小姨笑着说："姐姐啊，建议你读一读关于儿童心理学的书。毕竟你已经当妈妈了，如果不了解儿童的心理，如何了解可儿呢？其实，就是因为可儿开始产生独立的心理需求，所以她才会强烈要求自己的事情自己干。假如你能顺应并满足她的心理发展需求，就可以借机培养她的自理能力，使她变得更加自立。"

经过可儿小姨的一番指点，妈妈茅塞顿开，因而有意识地减少对可儿的照顾，把可儿能够通过努力独立完成的事情，都交给可儿去做。渐渐地，可儿越来越独立，没有了妈妈无微不至的照顾，她很快就学会了很多生活基本技能。

很多父母会觉得女孩所谓的成长教育很简单，因为她们只是会自己吃饭，会穿脱衣服，或者是能够连贯地说出几句话而已。殊不知刚刚出生的婴儿就如同一张白纸，每一笔每一画对她们来说都有着特殊的意义。因而对于成人而言的小小进步，对于孩子而言就是质的飞越，能让孩子获得巨大的成就感。所以在教养女孩时，对于女孩希望独立的愿望和需求，父母一定要持有尊重的态度，这样才能最大限度地帮助女孩发展自身的能力。

此外，父母要习惯女孩的渐渐独立。很多父母已经习惯了事事为女孩代劳，因而当女孩渐渐不需要父母的照顾，想要摆脱父母的照顾时，父母反而会很不适应。其实这是完全没必要的。父母必须知道自己不可能永远陪伴和照顾女孩，唯有尽早培养女孩独立自主，才是对女孩真正负责的态度。所以父母们，当女孩开始说"不"，欣喜地迎接女孩的变化吧！

第87招

女孩无理取闹，良好的亲子沟通是关键

很多父母都会犯这样一个错误，就是总试图和孩子讲道理。越是在孩子胡搅蛮缠、不懂道理的时候，他们就越喋喋不休，非要与孩子说出个所以然来。实际上，情绪失控的孩子根本听不进去道理。在这种情况下，最重要的是先安抚孩子，让孩子的情绪尽快恢复平静。

同样的，娇弱的女孩更容易变得无理取闹，因为她们更容易注意到事情的细节，因而常常会使自己敏感多疑的心受到伤害。因此，当女孩陷入冲动之中时，明智的父母不会试图和女孩讲道理，而是第一时间给予女孩拥抱，对女孩的情绪表示理解和体谅。

妈妈正在做晚饭，美美突然背着书包冲进来，对妈妈喊道："妈妈，我以后再也不和言言玩了！她太让我生气！"

对于女儿这样歇斯底里的情绪表现，妈妈大吃一惊，赶紧放下手里的活儿。她没有问美美原因，而是理解地安抚美美："我知道，言言一定惹恼你了，你肯定很生气才会这样的。"

妈妈的话仿佛有神奇的作用，果然，美美情绪稳定了很多，她对妈妈说："妈妈，言言背叛了我。她原本说好今天和我一起放学回家的，却提前和维维一起走了，我很生气，我决定明天早晨不和她一起上学了。"

　　妈妈依然理解地说："当然，被人舍弃的感觉很不好，我也有过这样的经历。"

　　美美独自坐在客厅气了一会儿之后，又说："妈妈，其实言言除了这次没有叫我之外，其他时间对我还是挺好的。"听了美美的话，妈妈意识到她已经消气了。因而妈妈决定问问原因，顺便也教育美美对待朋友要宽容，给予朋友更多的理解和体谅。

　　这个时候，情绪恢复平静的美美果然把妈妈的话听进去了。最终，美美选择原谅言言，而且决定第二天早晨去找言言一起上学。

　　在成长的过程中，女孩是更容易感情冲动的，对此父母完全没有必要大惊小怪。因此当女孩表现得歇斯底里或者无理取闹时，父母唯一要做的就是对女孩表示理解，使女孩恢复平静，重回理智。

　　冲动是魔鬼，任何时候冲动都不可能帮助人们解决问题。在教养女孩的过程中，父母一定要帮助女孩控制情绪，也要教会女孩管理情绪的方法。这样女孩才能更加从容地掌控人生，进而如愿以偿地实现人生目标。

第88招

帮女孩克服自卑，收获自信和勇气

我们知道，和男孩的骄傲和自信相比，女孩则表现出更多的内敛与谨慎，她们对于外部世界总是缺乏掌控的自信。要想激发女孩的信心，让女孩自信满满地对待学习和生活，就要帮助女孩克服自卑，找回勇气。

当然，任何问题都绝非偶然出现的。要想帮助女孩克服自卑，父母首先要做的是找到女孩自卑的根源。通常，女孩自卑的原因多种多样，有的女孩因为觉得自己长得不够漂亮，总是无法做到昂首挺胸；有的女孩因为学习成绩不好，或者家境贫寒，会觉得在他人面前无法扬眉吐气；有的女孩是因为性格内向，才会表现出自卑的样子。总而言之，父母要深入了解女孩，共同寻找并消除自卑的"元凶"，从而帮助女孩获得自信和勇气。

米粒是个非常自卑的女孩，尽管她长得很好看，学习成绩也名列前茅，但是她总觉得自己处处不如别人，而且每天都独来独往，很少与同学们交流。看到米粒孤独的样子，班主任十分担忧，因而专门找到米粒了解情况。在和米粒交谈时，班主任几次听到她谈到自己的爸爸是个酒鬼，因而意识到也许米粒是因为自己的爸爸才变得非常自卑。

眼看着米粒已经升入初三，站在人生的一个关键的分岔路口前，老师决定进行一次家访，和米粒的父母交流米粒的情况。果然，父母根本不知道米粒这么自卑，他们还一直为女儿的学习成绩很好而感到骄傲呢！后来，当老师委婉提起父母对于孩子的影响时，妈妈不由得抱怨爸爸总是喝酒，都影响孩子的学习了，爸爸也满面羞愧，觉得很不好意思。

最后，老师语重心长地叮嘱米粒的父母："对于孩子而言，能否考上重点高中对人生的影响还是很大的。希望在这段时间里，你们作为父母一定要本着对孩子负责的态度，给孩子营造良好的学习环境。否则，如果因此耽误了孩子的人生，后悔也是于事无补啊！"

老师的家访让父母更加重视米粒的心理健康，爸爸也主动承诺一定戒掉酗酒的恶习，保证不再因为喝醉酒而影响家庭关系，妨碍女儿学习了。一段时间过后，老师欣喜地发现米粒变得乐观开朗了许多，脸上也有了笑容，表现得也更加自信了。

对于尚未成人和独立的孩子而言，家庭对他们的影响是非常大的。父母一定要负起责任，竭尽所能为孩子创造良好的家庭环境，否则，如果孩子从家庭、父母身上都得不到关爱，又如何能够做到自信地面对这个世界呢？

具体在教育女孩时，父母要多多关注女孩的心理状态，及时发现女孩的心理变化，洞察女孩的内心，一旦发现女孩有自卑的倾向，一定要提高警惕，设法重塑女孩的自信。

第89招

平等对待女孩，才能走进她的心

很多成人严格把控孩子的人生，恨不得让孩子时时刻刻都听自己的，殊不知这是十分不明智且不负责任的做法。因为孩子不是成人的附属品，而是一个独立的存在，是有自己的思想、意识和选择的个体。甚至有的时候，孩子还会成为成人的指引者。

成人在成长的过程中，往往会丢失了自己最纯真的内心。正是有了儿童的指引，成人才渐渐找回曾经属于自己的纯真世界。从这个角度而言，父母应该把孩子当成自己的朋友，不但要平等真诚地对待孩子，有的时候还要多向孩子学习，才能不忘纯真。

对于青春期的泉泉而言，她现在最苦恼的事情就是无论如何也无法得到妈妈的信任。为此，她很苦恼。

原来，有一天妈妈偶尔路过泉泉的学校，想要接泉泉放学。在门口等待的过程中，妈妈看到泉泉和一个高高的男孩一起走出校园，一路上窃窃私语，有说有笑。妈妈当即认定泉泉肯定是早恋了，回家之后，立刻将泉泉叫过来，对她展开"审问"。

泉泉对于妈妈的质疑和指责很坦然，她毫不犹豫地告诉妈妈："妈妈，我和洋洋就是普通的好朋友，我们不是你想的那样。洋洋数学成绩很好，他还经常给我讲题呢！"

妈妈对于泉泉的解释半信半疑，继续问泉泉："普通同学？我看你们在一起很开心啊！"

泉泉说道："妈妈，洋洋很幽默，爱说笑话，我当然笑得前仰后合了。"然而，无论泉泉怎么解释，妈妈就是不愿意相信她的话。

很快，泉泉对于妈妈的不信任感到厌倦了，再也不想解释了。有一次，在和妈妈大吵一架之后，她感到被妈妈冤枉的滋味很难受，于是伤心地哭了半天。

显然，面对妈妈的质疑，泉泉产生了严重的逆反心理。她不愿意继续做徒劳的解释，而是开始变得叛逆和抵触。当然，泉泉这么做并不妥当，因为不但妈妈会更加气愤，泉泉也会影响自己的学习和生活。

把孩子当成自己的小伙伴，对于父母而言并非一件轻易就能做到的事。很多父母自以为是，把自己当成人生的主宰和命运的舵手，他们甚至想掌控孩子的人生。倘若我们对于孩子的干涉过多，孩子必然会心生抱怨和戒备，甚至完全排斥父母指导他们的生活。这样一来孩子的心门就关闭了，孩子与父母之间沟通的桥梁自然也就不复存在。

为此，在教育女孩的过程中，父母更应该把女孩当成朋友，平等对待女孩，让自己成为女孩的知心好友，才能得到女孩的信任和倾心相待。

第90招

青春叛逆期女孩不服管，最需要的是认同

有的父母也许会感到很困惑，他们完全不知道如何与青春期的孩子相处。实际上，青春期是孩子生理和心理都快速发育的时期，很多孩子变得像小刺猬一样浑身长满了"刺"，有些难以接近，有的时候甚至会有意或无意地与父母对着干。

那么，当你家有女儿时，该如何与青春期的女儿和谐融洽相处呢？不妨想想刺猬的相处法则。在寒冷的天气里，刺猬们在一起依偎着取暖，时而因为距离太近而刺伤对方，时而又因为相隔遥远而无法抵御寒冷，最终刺猬找到最佳的距离，使彼此既能相互依偎着取暖，又不至于被彼此刺伤。因此，对于青春期女孩，父母也要本着刺猬相互依偎取暖的原则，与女孩保持适度的距离，既不可太亲近，也不可过于疏远。

值得提醒的是，距离拉开容易，拉近却很难。父母要想避免和女孩之间的距离越来越远，最重要的就是要尊重和认同女孩。要知道青春期女孩的特点之一就是叛逆，不喜欢被父母安排，父母让她往东，她就偏偏往西。所以，父母要想和青春期女孩和谐相处，最重要的就是不要试图命令和指挥女孩，而是要把女孩当成平等的个体对待，给予女孩真心的尊重和友善的帮助，才能最终得到女孩的信赖。

进入初中之后，小雨喜欢上了读小说。虽然课业任务越来越重，但是她每

到周末休息的时候，总是熬夜看小说。

妈妈觉得小说是闲书，读小说会影响小雨的学习，但是小雨实在太爱看了，为此爸爸建议妈妈不要强制要求小雨不看小说，而是要先认同小雨爱读书的好习惯，然后再与小雨商量安排好读课外书与学习的相关事宜。

一个周五的晚上，爸爸主持召开了家庭会议，针对小雨的学习安排进行了讨论。会议上，爸爸首先公开赞许了小雨对文学的热爱，还说书籍是人类进步的阶梯，爱读书是孩子最好的学习习惯。爸爸看到小雨笑得合不拢嘴，还连连点头。

接着爸爸话锋一转，又说："但是爸爸还是建议要合理安排好作息时间，在不影响学习的情况下，允许你抽出更多的时间在书籍的海洋里畅游。小雨，你觉得呢？"

因为爸爸已经先认可了自己，所以对于合理安排时间这件事，小雨并没有理由反对爸爸。因此她对爸爸说："爸爸，我同意你的建议，放心吧，我会安排好学习时间的。"

这时，妈妈也趁机对小雨说："不如咱们三个集思广益，想出一个两全其美的办法，当然还是要以你的意见为主，我和爸爸只是提一些建议。你觉得怎么样？"

小雨同意了。爸爸妈妈马上拿出纸笔，和小雨一起制订学习和阅读计划。最终，三人协商一致，约定每个周五晚上和完成所有作业之后的周日下午，小雨可以随意阅读自己喜欢的书。

这样一来，原本写作业磨磨蹭蹭的小雨为了挤出更多的时间看书，反而把作业完成得又快又好，爸爸妈妈高兴极了。

对于孩子来说，最主要的任务就是学习。意识到这一点的很多父母，都恨不得让孩子把所有时间都用于学习，但是孩子除了学习之外，还有其他兴趣爱好，因此，父母要想让孩子身心均衡地健康发展，就必须平衡好两者之间的关系。

　　此外，我们还要意识到，处于青春叛逆期的孩子，尤其是女孩更害怕被父母否定，也不愿意接受父母的强制命令，因而父母在引导女孩之前，必须先肯定和认同女孩，让女孩掌握主动权，自己则扮演从旁协助的角色。这样，女孩不但愿意接受父母的意见和建议，还能够积极主动地去执行。

第十章

培养界限感，引导女孩学会自爱和自我保护

细心的家长可能会发现，在银行等公共场所，后面排队的人与正在办理业务的人之间有一米左右的安全距离，目的就在于保护隐私，让办理业务的人获得安全感。其实，在养育女孩的过程中，父母也要引导女孩形成界限感，从而使女孩养成安全意识，更加注意保护自己。

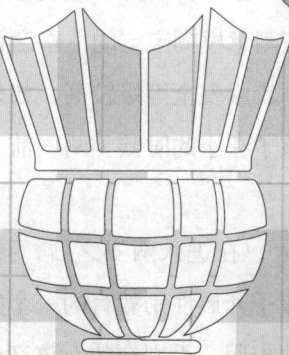

第91招

性别教育，从两岁就要开始

曾经在某篇文章上看过一句话："他已经老得没有性别了。"当一个人老到一定年纪，就如同回到了婴幼儿时期，性别意识很弱。

婴儿从呱呱坠地开始就把自己的性别公之于世。爸爸妈妈们提前准备好的那些小衣服，也就有了性别明确的小主人。细心的朋友会发现，很多婴幼儿的衣服根本没有性别差异，大多数都是淡蓝色、淡粉色、淡黄色。在这三种颜色中，除了淡粉色更适合女孩穿之外，其他两种颜色男孩女孩都能穿。

那么，商家这么做是在刻意模糊宝宝的性格意识吗？答案是否定的。原因主要有两点。一是婴幼儿的衣服安全等级较高，如果颜色过于鲜艳，染料会伤害婴儿娇嫩的皮肤；二是孩子在小的时候（两岁前）性别意识没那么清晰，所以不需要刻意区分性别。

但是随着婴儿逐渐长大，在进入两岁之后，孩子的性别意识就开始萌芽了。因此，两岁是父母对孩子开展性别教育的一个好时机。父母在这个时期不要再给女孩穿和男孩一样的衣服，否则会使女孩产生性别错乱，给女孩以后的生活带来很严重的负面影响。

有些家庭因为父母受"重男轻女"的观点的影响，从小就将家里的女孩当成男孩来养。还有一些父母喜欢女孩，因而把儿子当成女孩来养育，甚至儿子都两三岁了，还给儿子穿小裙子。这样的行为只会导致孩子形成性别障碍，对孩子的成长毫无益处。

　　明智的父母会在女孩两岁左右给女孩穿合适的衣服、内裤等，并且和女孩强调她们和男孩是不同的，利用日常生活中的点点滴滴帮助女孩形成明确的性别意识，比如上公共厕所时，妈妈要带着女孩进入女厕，并告诉她另一边只有男孩可以去；又如在讲故事时，强调王子、公主之间的性别不同，还有家中养宠物，会教女孩分辨能生宝宝的是母，相当于人类中的女性。唯有如此，后续针对女孩的安全意识培养的教育才能顺利展开，女孩才能学会保护自己。

保护隐私部位，四岁之前就要懂得

在让女孩认识到自己与男孩不同之后，接下来要做的就是培养女孩的安全意识，让女孩意识到自己的隐私部位是不能示人的。要知道，孩子在小的时候根本没有害羞与否的意识，想要避免孩子在公共场合做出不恰当的举动，并且学会保护自己，父母就要有意引导。假如父母在女孩面前表现得随便，而且从不教育女孩要对自己的隐私部位进行保护，那么女孩就会在懵懂无知中长大，完全不知道保护自己。这样一来，等到女孩稍大一些时，必然会遇到很大困扰。

小仪已经三岁了，却还没有保护隐私的意识。也许是因为从小习惯了光着屁股在房间里跑来跑去，三岁的小仪到了炎热的夏天，还是赤裸裸地跑来跑去。女孩这样未免有点不雅观。为此，妈妈决定马上对小仪开展性别意识教育，让小仪学会自我保护。

这天早晨，小仪起床之后又没穿衣服就在客厅跑开了，妈妈当即喊道："哎呀，小仪，你看看，爷爷、爸爸和哥哥，还有奶奶和妈妈，可都穿着衣服呢！只有你没穿衣服哦！"小仪当然知道妈妈是在笑话她，但她很抗拒穿裤子，于是不听妈妈的劝，自顾自地跑开了。

过了一会儿，小仪看到全家人都看着没穿衣服的她，觉得很不好意思，只能勉为其难地说："好吧，那我就穿上吧。"刚刚穿上衣服的小仪觉得不太舒服，但是看到全家人都穿戴整齐，也就不好意思脱下来。这时，妈妈和奶奶分别告诉小仪要学会保护自己，有些秘密是除了妈妈和奶奶以外，爷爷、爸爸和哥哥都不能看和不能告诉的。

说的次数多了，小仪就形成了保护隐私的意识，以后每天早晨起床之后第一件事就是赶紧穿上衣服，就连睡觉的时候都穿着睡衣，她还念念有词："这是我自己的小秘密！"

在成长的过程中，女孩显然比男孩有着更多隐私和秘密需要保护。因而在女孩四岁之前，妈妈作为女孩的启蒙者，必须要培养女孩的害羞意识，也要教会女孩对自己的隐私部位进行保护。如果女孩没有形成关于性别隐私的害羞意识，也不知道保护隐私部位，那么日后会更容易遇到危险。

当然，培养女孩的害羞意识和保护隐私部位的意识，是一个循序渐进的过程。在养育女孩的过程中，除了言传之外，父母更要注重身教的作用。家有女儿，即便是炎热的天气里，父母最好也要衣冠整齐，这样才能为女孩营造良好的家庭氛围，潜移默化地影响女孩，使女孩尽早懂得男女有别，保护自己的隐私部位。

第93招

成长的烦恼，帮女孩提前了解生理期

和男孩相比，女孩在成长的过程中的确要面对更多困扰。现代社会，生活水平飞速提高，女孩的初潮年纪也普遍提前了。以前大部分女孩的初潮大概出现在十四到十六岁，而现在有些女孩在十岁至十二岁时初潮就已经来了。这说明在营养丰富的现代教养条件下，女孩的身体加速成熟了。但是与此不相称的是，女孩的心理还没有做好准备，小小年纪的女孩面对初潮时难免会惊慌失措，甚至感到害怕。

毋庸置疑，对于初潮的问题，爸爸很难帮助女孩，而和女孩同性别的妈妈理所当然要承担起启蒙者的角色。对于女孩而言，初潮是一个不折不扣的成长烦恼，给她们的生活和心理带来了极大麻烦。为了帮助女孩更好地迎接初潮的到来，妈妈应该提前给女孩讲解生理知识，给女孩进行心理建设，这样女孩在初潮来临的时候才能有所准备，才能从容镇定地面对自己身体的发育变化。

十二岁的婧婧最近经常觉得肚子疼。因为担心，妈妈接连几次在她肚子疼的时候带她去看医生，但是医生在检查之后总是安慰妈妈说没关系，而且告诉妈妈这是生理发育的正常表现，还说婧婧的初潮有可能要来。

妈妈得到这样的讯息之后，意识到虽然婧婧年纪还小，但是身体发育已经渐渐成熟，因而决定告诉婧婧一些生理知识，以免婧婧在初潮到来时感到惊慌失措。不过，妈妈也觉得很尴尬，不知道该如何告诉婧婧这些知识。

思来想去，妈妈买了一本关于生理常识的书拿给婧婧看，希望先让婧婧自己大致了解一些生理知识。妈妈把书交给婧婧时，说："婧婧，你长大了，需要了解人体的奥秘，尤其是女性的身体，我们与男性是不同的。你先看看这本书，如果有不懂的地方，妈妈会给你详细讲解的。"

婧婧刚开始拿到书的时候觉得面红耳赤，后来看完整本书之后，她意识到妈妈考虑得真的很周到，否则她在初潮来临的时候一定会惊声尖叫！现在她知道自己很快要面临一个生理阶段，但是她不担心，因为她已经知道自己应该怎么做了。

比起男孩，女孩在成长过程中会面临更大的改变，所以父母更要提前准备，给女孩做好心理预设。女孩对于青春期各种改变的恐惧很多都是因为无知引起的，所以对女孩进行必要的知识启蒙，帮助女孩从未知走向已知，就是最好的解决办法。

案例中妈妈的做法很聪明，因为大部分父母和孩子讲起生理构造，哪怕是同性之间，也总是觉得有些尴尬的。现在图书市场中各种类型的书籍琳琅满目，父母如果实在不好意思开口告诉女孩，就可以利用书对女孩进行教育，自己只需要针对个别问题给女孩讲解一下就可以了。

需要注意的是，父母首先应该调整观念，不要因为涉及生理知识就觉得不好意思。因为生理知识也是一门学科，只有父母摆正心态，女孩才能坦然面对。

第94招

父爱不缺席，预防青春期女孩早恋

　　青春期的女孩正处于情窦初开的年纪，很容易陷入爱情的旋涡，成为爱情的俘虏。其实，这根本不是真正的爱情，很多饱经沧桑的成年人尚且不敢自称懂得爱情，更何况不谙世事、情窦初开的小女孩呢？但是，小小年纪的女孩，真的会以为自己已经懂得了爱情的真谛，甚至在情不自禁之时偷尝爱情的禁果。在抚养女孩的过程中，女孩父母对于早恋的担忧远远胜过男孩的父母，毕竟女孩因为早恋受到伤害的可能性更大。那么，如何预防青春期女孩早恋呢？

　　其实，女孩早恋有一个很隐秘的原因，那就是父爱的缺失。有的女孩之所以一进入青春期就急急忙忙寻找爱情，是因为她们在生活中没有得到完整的父爱，对于异性感情异常地渴望。无数事实告诉我们，那些与父亲关系亲密、得到充分父爱的女孩，对于异性的渴望程度会大大降低。她们享受着父爱，因而不会对异性产生特别的反感或好感，而只是将异性当成正常的社交对象。因此要想有效预防女孩早恋，父亲应该给予女孩更多的关爱，让女孩在感情上更充实，也更有安全感。

　　小梦在初二的时候早恋了。当妈妈发现的时候，小梦已经早恋了一段时间，男孩和小梦是同班同学。毫无疑问，这对于妈妈是巨大的打击，她不明白小梦为何迫不及待地要谈恋爱。但是事情既然已经发生，强制小梦终止恋爱显然是不可能的，妈妈尽管心急如焚，却只能说服自己淡定平静。

一天小梦回家，妈妈问小梦："小梦，班级里有喜欢你的男孩吗？你完全遗传了妈妈的好基因，想当初妈妈像你这么大的时候就有人追了呢！"妈妈抛出了橄榄枝，小梦完全不明就里，突然就害羞地笑了。妈妈趁此机会问："是不是有男孩追你啦？告诉妈妈他的情况，好吗？"看到妈妈并没有像大多数妈妈一样把早恋视为洪水猛兽，小梦逐渐放松了戒备心理，和妈妈说起了那个"他"。

妈妈和小梦聊了很长时间，最后问小梦："小梦，你能告诉妈妈你为什么要早恋吗？妈妈虽然一直觉得你是一个成熟的孩子，对于很多问题都有主见，也已经想得比较明白透彻，但说实话，妈妈对你早恋还是感到挺惊讶的。"

这时，小梦突然伤心起来，说："妈妈，自从你和爸爸离婚后，我好几个月才能见到爸爸一面。虽然您把我照顾得很好，但我还是觉得少了些什么。我需要安全感，很多时候看到其他女孩有难题就找爸爸，你不知道我有多羡慕。"

小梦的话使妈妈红了眼眶，的确，婚姻破裂带给孩子的伤害太大了。

单亲家庭的女孩，特别是缺少父爱的女孩，更容易走入早恋。女性通常缺乏安全感，也总是追求安全感。就像小梦一样，因为家里只有妈妈，爸爸不在身边，她的内心觉得有所欠缺，潜意识里会希望有一个异性来疼爱自己、保护自己、照顾自己。

此外，由于工作或其他不可抗原因，很多家庭中都会出现"空巢父亲""隐形父亲"的情况，这也会导致女孩因为心中感情缺失而对于恋爱提前产生憧憬，甚至迫不及待地想要拥有爱情。

总而言之，父母如果不得已结束婚姻，也不要因此把对女孩的爱画上休止符。在女孩成长的过程中，任何物质上的富足都无法弥补她们在感情上的欠缺，父母不能单纯地以物质来弥补女孩，而要保证女孩在成长过程中得到足够的爱与关照。这样，女孩才能学会爱惜自己，懂得什么才是真正的爱和责任。

第95招

允许女孩交异性朋友，但不能放任

家有青春期女孩的父母心中总是紧绷着一根弦。一旦提起女孩结交异性朋友，很多父母马上就会表现得如临大敌。其实，女孩与异性交朋友是一件很正常的事情，父母根本不必神经过敏。就像女人在步入职场之后，会和不同的男性打交道一样，女孩在进入学校之后，也必然会与男同学打交道，这是同学之间的正常社交，无可非议。如果父母在女孩的异性关系上表现得过于敏感紧张，常常会招致女孩的逆反心理，往往会产生适得其反的效果。

明智的父母知道不能过多干涉女孩的交友问题，否则会引起女孩的反感，因而他们在发现女孩与异性朋友相处时，会采取顺其自然但不放任的态度，告诉她们朋友的定义、界限，什么样的人才是真朋友。这样才是值得父母借鉴的正确做法，才是处理女孩青春期交友问题的最好办法。

花蕊正在读初三，有一天妈妈偶然发现花蕊在放学的路上一直都和一个男生相伴而行，说说笑笑，直到小区门口才分开。从他们亲密交谈的样子来看，妈妈推断他们不是普通的同学关系。

妈妈的第一反应是要立即制止花蕊早恋，但是她冷静下来一想：假如花蕊没有早恋，因为自己的刻意警告，反而可能动起早恋的心思呢！思来想去，妈妈决定冷处理。

接下来的日子里，妈妈总是有意无意地说起关于早恋的问题，而且经常赞扬花蕊是个乖巧懂事的孩子。妈妈对花蕊说："我的女儿最乖了，学生时期就该把重心放在学习上，未来你得到的会比现在多很多。"

花蕊点点头说："当然，我心里有分寸，您就放心吧！"

得到花蕊肯定的回答，妈妈说："我们办公室里的人都羡慕我有个乖巧听话的好女儿呢！"

在妈妈的旁敲侧击下，花蕊有所收敛，也知道了要把自己和男同学的关系控制在纯粹的友谊范围内。

妈妈很聪明，她知道如果直接反对花蕊早恋可能会误解花蕊，那么花蕊在遭到误解的情况下，可能真的会一气之下早恋给妈妈看。不过，当妈妈给予充分的信任，花蕊是不会那样做的，她是个乖女孩，知道妈妈辛辛苦苦供养她上学不容易。就这样，妈妈善意的提醒让花蕊懂得了与异性交往的原则和尺度。

要想让青春期的女孩变得顺从，强制是不可取的手段，唯有循循善诱，父母才能如愿以偿。对待早恋这个问题，父母当然不应该纵容女孩，但是也不必过于把早恋当成大事，而是要摆正心态。毕竟在平常心之下，很多危机都会在不知不觉中度过。

第96招

引导女孩树立正确的恋爱观

有些孩子不像以前那么单纯，身体因为营养充足而发育得更早，心理也因为接触的资讯更多、更全面而变得越来越早熟。在这种情况下，早恋已经成为让很多父母头疼的问题。要想成功教养孩子，父母就要学会正确面对和处理孩子的早恋问题。

父母要做的是先于孩子正视早恋问题，因为只有学会面对，才能找到正确的方法。实际上，依靠强制监管的方式制止孩子早恋，不能从根本上解决问题。父母不可能一天二十四小时跟着孩子。哪怕上学放学都接送孩子，女孩如果想早恋，还是可以找到时间的。从青春期走过来的父母应该知道，不管是写情书，还是写纸条，都是早恋最美好且便捷的方式。因此，从这个角度而言，早恋是防不胜防的。

那么，到底如何才能顺利地解决女孩的早恋问题呢？

首先，父母要端正心态，意识到女孩早恋并非洪水猛兽。实际上，只要父母不过于紧张，女孩也许并不会把早恋当成特别重要的事情，只要等到过了那个时期，就会感觉到早恋的幼稚，主动把更多精力和时间用于学习。

其次，父母要与女孩平等沟通。实际上，青春期的女孩已经可以与父母进行平等、有效的沟通了。关键在于父母要把女孩当成平等的个体来对待，而不要一旦涉及早恋问题，就对女孩大发雷霆。当父母能够心平气和地与女孩探讨恋爱和感情的问题时，相信女孩也会更加信任父母。而且只要父母的观点不偏激，站在理解女孩的角度提出建议，相信女孩也不会盲目地与父母对着干的。早恋的问题说大也大，说小也小，只要处理得当，就能顺利解决。

最后，要帮助女孩树立正确的恋爱观，这不但对预防女孩早恋有帮助，对女孩的婚恋观也有很大的好处。很多青春期女孩之所以因为早恋受到伤害，就是因为她们抱着飞蛾扑火的态度面对恋爱。她们需要学会如何爱自己以及爱他人。只有先学会爱自己，才能够学会爱他人。明智的父母不会为了发泄自己对于女孩一时的不满，就把女孩唯一可以信任的自己彻底置于对立面。

作为父母，如果能与女孩并肩而立，女孩怎么会不愿意信赖父母呢？告诉女孩，恋爱是自由的，也是能够得到父母尊重的，女孩就会向父母敞开心扉。在此基础上，再引导女孩在恋爱中保护好自己，而且也要彼此激励，从而成就更美好的人生，相信女孩一定不会对父母的话置若罔闻。

此外，还要帮助女孩树立远大的人生理想，让女孩把爱慕的对象作为并肩作战的战友，引导女孩和对方一起为了美好的未来而奋斗，这样早恋也许非但不会对女孩造成伤害，反而会使女孩更加有勇气面对未来。

第97招

树立正确的性意识，学会尊重自己的身体

如今的孩子普遍缺乏关于性方面的安全防范意识，高中生甚至初中生早孕的现象也时有发生。由此造成的人身伤害是不可逆转的，由人身伤害带来的心理伤害更是会给女孩的人生带来不可抹去的阴影。因此，父母应该在女孩萌发性意识的时期，就对女孩进行适当的教育，帮助女孩树立正确的性意识。

中国是个拥有传统文化的国家，很多人都谈"性"色变，很多父母更是无法开口和处于青春期的女孩谈论性的问题。但是，如果有一天父母突然发现十几岁的女儿竟然对性知识一无所知，受到了坏人的伤害，难道不会懊悔自己没有早一点对女孩进行性教育吗？

父母们必须醒一醒，正视女孩的成长速度和社会现状，别让女孩始终处于"性无知"或是对性一知半解的状态，以免她们不知道如何保护自己。因为女孩一旦犯下这方面的错误，后果往往使人难以承受。所以，对青春期女孩进行性教育迫在眉睫，每一位负责任的父母都要把这项教育提上日程，千万不可一拖再拖，以免酿成大错后追悔莫及。

作为女孩的父母，从小就应该教育女孩尊重和爱惜自己的身体。在女孩三四岁时，父母就要教育女孩保护自己的身体，除了妈妈之外，不要在任何人面前裸露自己的身体。不要觉得孩子小还不懂事，父母只要坚持教育，就会有成效。在女孩进入青春期之后，妈妈更是要肩负起性启蒙教育的任务，让女孩

学会有效保护自己，避免受到伤害。

面对性犯罪案件，父母也要提早教导女孩，万一遇到状况，应当如何从行动和法律上保护自己，而不要让无知产生的羞耻心对女孩造成二次伤害。

总之，凡事防患于未然，远比事后补救更好。父母唯有端正态度，正视性教育，才能有效保护女孩，这才是真正对自己的孩子负责任。

第98招

性教育的进行，需巧妙把握时机

对女孩的性教育势在必行，然而很多传统的父母似乎还是不好意思和朝夕相处的女儿谈起这个尴尬的话题。当然，对女儿进行性教育，通常情况下都是妈妈的任务。对于有些特殊的家庭而言，有心的爸爸也许会把这个任务揽在自己身上，这样也是可以的。

那么，哪些时机适宜对女孩进行性教育呢？前文我们说过，要想对女孩进行生理卫生的教育，就要先给女孩做心理铺垫，让女孩坦然地迎接初潮的到来。实际上，初潮到来之际，就是妈妈进行性教育的最佳时机。因为女孩初潮的到来意味着女孩开始第一次排卵，从此以后就成为一个真正的女人了。不管是从时机的角度而言，还是从实际需要的角度考虑，妈妈都应该趁此机会让女孩意识到初潮的到来对于一个女性来说究竟有什么样的重要意义。

现代女孩除了从父母那里得到性教育之外，也会从各种渠道得到零碎的或正确或错误的性知识。因此，作为家长，与其和女孩遮着掩着，不如主动找机会机会对女孩进行系统的性教育，为女孩揭开性的神秘面纱。例如，逛书店时，妈妈可以借机挑选一本适合给女孩看的性知识书籍。再如，和女孩一起洗澡时，在闺密一般的对话中开启女人之间的话题，讲解成熟与不成熟女性身体的区别。

此外，除了妈妈主动找机会对女孩进行性教育之外，有的时候女孩自己也会对女性身体充满困惑。当女孩主动向妈妈求助的时候，妈妈也可以抓住机会对女孩进行性教育，这样一来，女孩因为带着问题在询问，也会更加用心倾听妈妈的教诲，妈妈在解答女孩问题的同时也能够顺利地对女孩进行性教育。此外，妈妈还可以购买一些书籍或者是光盘，借助于这些便利的渠道对女孩开展性教育，为女孩讲解性知识，从而及时启蒙女孩的性知识，达到教会女孩对自己进行性保护的目的。

当然，学校也会开设生理卫生课。当女孩对于课堂上老师所讲授的生理卫生知识已经知晓，而想要了解更多性知识时，父母不妨借机对女孩进行性教育。作为父母，我们在对青春期女孩进行性教育时不能扭扭捏捏、欲语还休，而要坦然真诚，以科学的态度及时解答女孩的疑惑，唯有如此才能保护好自己心爱的女儿。

第99招

了解避孕，性教育中这一课不能少

如今，青春期女孩早孕的现象越来越严重，而每一个成年人都知道终止妊娠对于还没有完全成熟的女孩而言，将会造成严重的身体和心理的伤害，如果发生多次，甚至可能影响女孩成年以后的生育能力，带来终身无法挽回的伤痛。因此，在性教育的问题上，父母千万不要认为到预防女孩发生性行为这一步就够了，要知道，哪怕严防死守，也还是会有女孩忍不住偷尝禁果，或者是在非自愿的情况下遭到性侵害，甚至成为少女妈妈。要想避免这种悲剧的发生，父母在对女孩进行性教育时，一定要把避孕这一课提上日程。

首先，要告诉女孩受孕的原理，了解什么样的行为可能导致怀孕，使女孩对于避孕有正确的理解和掌握。也许有些父母依然抱着侥幸心理，幻想着自己乖巧的女儿不会那么快就对性产生冲动或者是向往。不得不说，这样的父母是很天真的，因为现在的孩子接触到的信息越来越多，性成熟的年龄也在不断提前。

其次，要教导女孩，当发生难以抗拒的性行为时，学会使用相应工具和手段以避免怀孕。这一点非常考验父母的勇气，但是父母要明白，如果一味避讳，不及时对女孩展开性教育，女孩必然要付出惨重的代价才能学会如何保护自己。凡事在没有发生之前预防，岂不是比发生之后再追悔莫及要好得多？

最后，也是最重要的一点，就是要让女孩知道，在事后亡羊补牢，为时未晚，必要时候要向家长和医生求助，毕竟他们是过来人，拥有更加成熟、专业的知识和经验，更懂得该如何处理。在这个时候，父母千万要注意的是，不要向女孩投去歧视的目光，更不能采取惩罚手段，因为这时的女孩是最脆弱的，急需父母的帮助和支持。父母要告诉女孩，这只是人生中的一个错误和麻烦，要勇于承担，努力克服，过去了就好了，而不要把它变成一种耻辱，成为女孩一辈子都要背负的枷锁。

现在的孩子因为好奇而产生强烈的求知欲，甚至知道很多父母都不知道的生理学知识。这是书籍的作用，除此之外，还有无所不在的网络的作用。如今，很多小学二三年级的孩子就会网购了，自然也知道从网络上能够查到一切自己想知道的信息。所以父母千万不要小觑孩子，他们远没有我们想象的那么懵懂。从某种意义上说，不是孩子成长得太快，而是为人父母者没有与时俱进，没有及时跟上孩子的脚步。但是由于年龄的局限，孩子对接触到的信息没有明确的是非分辨能力，这就需要父母的及时引导。

总而言之，在对待女孩的教育问题上，父母要主动一些，而不要落后于她们，更不要因为教育的滞后而使她们受到伤害。让她们在恋爱中学会自我保护，这一点至关重要。每一位深爱女儿的家长，哪怕你们从内心深处拒绝她长大，她始终是会长大的！

第100招

远离性伤害，不要走入性教育误区

随着女孩生理上越来越早熟，了解信息的渠道也多种多样，如果再以传统的教育方式对待女孩的性教育问题，父母难免会走入误区，对女孩的成长造成消极的影响。女孩一旦遭遇不测，造成的伤害将是无法挽回的。作为负责任的父母，很有必要在伤害发生之前，就采取有效的预防措施，从而避免女孩受到伤害。因此，为了避免女孩遭受性伤害，父母首先自己要走出误区。

升入五年级之后，十一岁的女生佳颖与木木成了同桌。木木不但学习成绩优异，而且长得高大帅气，是品学兼优的好学生。渐渐地，佳颖发现自己喜欢上了木木。

佳颖想知道木木对他是否拥有同样的感觉，就上网查询"如何判断你喜欢的男生喜不喜欢你"，一不小心点开了一个奇怪的网页，她隐约觉得这些内容是不健康的，但是强烈的好奇心又驱使着她继续看下去。受此影响，第二天，佳颖向木木表达了自己的感情，但木木由于也对感情很懵懂，不知道怎么办，于是没有直接给她答复。

当爱意遭到对方的忽视时，佳颖首先想到的不是请教父母或老师，而是上网浏览网站，希望借此找到答案。

后来，妈妈在使用电脑时发现浏览记录中有不良网址，于是便生气地问佳颖："你为什么要浏览不健康的东西？难道你不知道这是不对的吗？"

"我也不知道这到底是对还是不对……"佳颖吞吞吐吐地说。

"你是未成年人，不应该看这些东西。"刚说完，妈妈便意识到自己从没有跟孩子谈过这方面的事情，也是自身的失职，于是又说，"佳颖，你是不是有了喜欢的男生了？"

"嗯。"佳颖点了点头。

"妈妈能理解你。不骗你，妈妈像你这样大，也就是十一二岁的时候也有喜欢的人，这是很正常的事情。要是发现不了异性的美，那才是不正常的呢！爱情和初恋都是很美好的事情，你不要因此觉得羞涩或是有罪恶感，因为这是人之常情。但是你现在还小，那些不良网站里有很多内容是不适合你看的，看了这些以后不利于你的身心健康，而妈妈希望你成为一个充满青春、阳光、活力的姑娘，也只有这样，你才能配得上你喜欢的男孩，不是吗？"

"知道了，我以后不会再看了。"佳颖允诺，并问妈妈，"那你像我这么大的时候喜欢的人是我爸爸吗？你又是怎么追上他的？"

妈妈一边向佳颖陈述自己的往事，一边给佳颖讲解关于性的知识。就这样，性的话匣子在母女俩之间打开了。

通常情况下，大多数父母在对女孩进行性教育的时候，会存在以下误区。比如，有些父母觉得无需对女孩进行性教育，女孩长大后自然就会懂得。遗憾的是社会复杂，也许等不到女孩对性无师自通的时候，女孩就已经受到伤害了。不对女孩进行性教育，而任由女孩自己了解，这是最传统的教育观点，对女孩是极其不负责任的行为。父母要想成为女孩成长的引导者，就要在各个方面先于女孩成长，才能在女孩的成长过程中起到引导作用，对女孩起到更好的教育和保护作用。

此外，很多父母对于女孩青春期的性冲动，也会采取轻视或者误导的态度。殊不知，正如《孟子》中说的那样："食色，性也。"这句话告诉我们，食和色都是人的本能。而色正是人对于性的欲望。所以作为父母必须端正对性的态度，意识到性是人的本能，才能以平常心对待青春期女孩对性的渴望。当青春期女孩出现性冲动时，父母一定要引导女孩正确面对性渴望，而不是误导女孩，使女孩觉得性冲动是邪恶的、淫秽的，这样必然导致女孩无法正视自己的性冲动，甚至产生负罪感，这对于女孩的生理和心理发育是非常不利的。

为了防止性伤害的发生，父母应当向女孩传递这样的观念：性行为本身不是罪恶的，但不恰当的性行为就是错误，除了时间上过早，更为严重的是在强迫、诱导下发生的性行为，已经构成了性伤害，必须坚决抵制。

此外，还有些父母觉得过早地进行性教育，反而会启蒙女孩的性意识，导致女孩更早地进行性行为。实际上，这也是父母对于性教育的误区之一。女孩的身体发育和心理发育都是不以任何人的意志为转移的，哪怕父母从来不对女孩进行性教育，也不能避免女孩在不适当的年龄发生性行为。

总而言之，唯有父母端正对性教育的态度，走出性教育的误区，更好地帮助女孩正确地认识性、对待性，才能有效保护女孩，避免女孩因为性受到不可挽回的伤害。

后记

做一个和善而坚定的养育者

每一对养育过孩子的父母都知道生孩子不容易，要经历十月怀胎、一朝分娩的痛苦，更知道教养孩子不容易，因为在教养孩子的路上，每对父母都是摸着石头过河，战战兢兢地陪伴孩子成长。但是即便已经生养过一个孩子，等到再养育二孩的时候，同样的过程又要再来一遍。因为每个孩子都是独一无二的小天使，都有自己与众不同的脾气、秉性，因此，父母如果想把养育第一个孩子的经验套用在第二个孩子身上，大多数是行不通的。这就是养育孩子的困难所在，也是乐趣所在。因此，痛并快乐着，是大多数父母教养孩子的真切感受。

意大利幼儿教育学家玛丽亚·蒙台梭利曾经说过："儿童是成人之父。"的确，尽管大多数父母都自诩是儿童的引路人和教养者，实际上，每当成人在纷繁复杂的社会中迷失自我时，他们都能从儿童身上得到启发与力量。游走在社会生活中，当我们的心灵渐渐被现实打磨得功利、麻木时，是儿童把我们带回到纯真的时代，也是儿童教会我们"不忘初心，终得美好"的道理。

那么，在教养孩子的过程中我们到底要如何做，才能成为尽职尽责的父母，成为孩子合格的监护人呢？很多父母自己心智尚且没有发育健全，谈何引导孩子走上人生正途、避开人生险滩上的暗礁呢？其实，每对父母都是从孩子呱呱坠地那一刻才感受到为人父母的责任，当我们因为不知道如何教养孩子而抓狂时，别人也在为他们家的小生命而殚精竭虑。只要我们用爱与信任浇灌，孩子终会成为最美好的模样。

有些父母对孩子特别严厉，信奉严格的管教策略。说起女孩，很多父母不由得在心底漾起柔软与温情，情不自禁地对女孩一味娇宠，几乎有求必应。不得不说，这样毫无原则的爱，对女孩而言不是爱，而是害。所以，真正理智的父母不会无原则地迁就和满足女孩，而是恩威并济，奖罚齐下，做和善且坚定的教养者。这样既可避免因为自己过于严苛而给女孩造成伤害，也会因为坚持原则使得女孩能够有规矩，懂礼仪，感知人情冷暖，对世界心怀感恩。

不可否认的是，这个世界上没有绝对完美的人，自然也没有绝对完美的女孩。每个女孩都是既有优点，也有缺点的。作为父母，当然都怀着一颗望女成凤的心，但是也要学会接受女孩的缺点，以平常心引导女孩不断成长，教女孩成为真实温暖、正直善良的人。